U0630672

中华文脉 | 中国窑口系列丛书

History Chinese Culture
the Chinese Kilneye Series

薛家窑

● 主编／远 宏 ● 副主编／邹晓松

● 编著／冯忠民

于鞍宁

黑龙江美术出版社
Heilongjiang Fine Arts Publishing House

韩美林先生为本丛书题字

序

中国陶瓷艺术历史悠久、成果璀璨，是中华民族物质文明与生存智慧的结晶，体现了关于"道"与"器"的哲学概念和传统造物观，至今仍作用于人们的生产和生活。从今天的视角来看，泥之为器的过程，显然是一个设计的过程，即使在选料、制坯、烧制的过程中，也须依据工匠的愿望不断做出"规划"，使制作对象符合实用和观赏的诉求，可以被看作是人类造物史上的"文化化石"，蕴含着前人赖以生存的多元信息。正如费孝通先生所讲："只有直接有赖于泥土的生活才会像植物一般在一个地方生下根。"

中华大地可谓窑口林立，除五大名窑以外，知名窑系有上百处之多，民间窑口更不计其数。不同历史时期的窑口各具特色，同一地区不同时期有不同窑口，同一窑口又在不同时期名称不同。亦可细分为官窑、民窑、官督民烧等窑口，而民窑又可分山头、作坊窑口。所以说，一个窑即有一个口，即称为窑口。

"窑口"是一个带有历史意味的阶段性描述，包含着丰富的文化信息。不仅仅作为地域分布的方位指向，它还指生产制度、组织方式和技术意识形态，从这个角度讲，是一个陶瓷生产领域的"文化地理学"命题。窑口研究的探索，应在注重其造型与装饰功能的基础上，更深涉及器物形制、工艺特征、风格演进、分工制度、贸易传播以及窑口间的相互影响等内容，有益于传统陶瓷工艺的厘清和恢复，以及器物及相关考古门类的断代与科技史研究。换言之，对陶瓷领域的研究从器物层跃迁至制度层，甚至观念层，有助于提供全球化背景下"地方性知识"重塑，对当下增强文化主体意识，保持地方独特性，维护地域文化的和谐共生产生深刻的意义。

由于陶瓷在大多历史阶段具有赏用结合的特征，是各地区生活形态和审美倾向的集中体现，尤其是民窑窑口。马林诺夫斯基曾说："人因为要生活，永远地在改变他的四周。在所有和外界重要接触的交点上，他创造器具，构成一个人工的环境。"而窑口则是这种人工环境的起点，它作用于"院子，市场和市镇广场"，也必然被其所从属的社会性所制约，对其张力互动的考察也必将拓展陶瓷文化研究的视野。

《中国窑口》系列丛书意在以新的角度梳理中国陶瓷艺术的发端、演变与传承。不仅局限于陶瓷艺术历史源流、艺术风格、工艺技术、考古、鉴定、收藏等方面的总结，更是以历史文献、实物遗存为依据，从窑口的视角，采取实证分析与传承性实践相结合的方式，从窑口发端的社会、人文、习俗、制度为脉络，系统梳理了不同地域特色所形成的材料、工艺、成型、胎釉、烧成、造型、装饰等特征，以及经济、贸易与文化形态所形成的地域文化标志，并着重强调了窑口产品与产地的关系，基本涵盖了陶瓷艺术发展历史与传承的全貌。

本系列丛书在选择我国著名窑口作为研究对象外，同时还选择了一些不同地域、各具地方特色、不为人甚知的地方窑口，对这些窑口在各历史时期所起的作用的关注，显然对完善中国陶瓷史以及人类文化遗产的整理和发掘是有益的补充。该系列丛书的编撰出版，将对中国陶瓷史研究的完善，推动中国当代陶瓷艺术的发展具有重要的理论价值与现实意义。

是为序。

何　洁

清华大学美术学院　教授　博士生导师

2016 年 12 月 1 日于清华园

目　录

前　言

陶瓷是科学与艺术相结合的完美产物，是我们祖先的伟大发明创造，对世界文明有着深远的影响，是人类文明进步的重要标志，同样也是一个民族历史凝结成的生存方式，更是一个民族历史之所以能够绵延不息的血脉和内在机理。薛家窑是鲁东南地区一座经久不息的民窑，它具有浓厚的地方特色与民俗艺术风格，薛家窑陶工的丰富制陶经验和能工巧匠的高超技艺对齐鲁大地陶业的发展与提高起到了相当重要的促进作用。薛家窑祖祖辈辈以生产黑陶为主，在莒文化的滋养下熠熠生辉，素有"陶艺之乡"的美誉。

薛家窑文化的研究立足于黑陶文化发展的现状及莒文化的深厚底蕴，结合陶瓷文化的多元化趋势，与时代命脉相融合，提出发展以传统手工技艺与产业化结合为特征的黑陶文化产业链，形成具有综合实力的薛家窑文化。不断发展黑陶生产，为薛家窑文化发展创造良好的人文环境，促进薛家窑文化人文环境的综合提升。同时建立各种渠道，促进黑陶文化交流与互动，为黑陶文化发展建立战略框架，重视黑陶制作的传统手工艺，注重传承人的培养，加大保护政策的力度，从多个方面进行多维度的保护与传承，在各个方面拓宽创新的途径。

本书是从史学的视角挖掘莒文化给薛家窑带来的深厚影响，对薛家窑的烧造工艺、文化艺术价值、生存现状及传承建议等做出详尽的描述和理论总结，对莒文化、薛家窑特色以及现状和原材料的采集、加工成型方法、釉料配制、窑炉特色以及烧制过程等进行了详略得当的阐述，对薛家窑黑陶文化进行深入的研究和提升。因此，本书的出版，具有填补陶瓷研究空白的意义和价值，是对具有原创性和学术性研究成果的一个总结和弘扬。本专著的特色之一是以莒文化历史为依托，深入探究薛家窑所处的文化地域所呈现的独特文化。在研究传统模式的历史价值之外，时刻不忘记它的传承与保护，从美学、历史学、产业链等角度去审视和把握薛家窑黑陶文化的创新与发展。目前陶瓷研究朝着多个学科整合方向发展，宏观视野，微观研究，多视角的观察，呈现出各学科交叉渗透的局面。本书通过对莒文化渊源的梳理及对薛家窑文化的研究实际问题进行反思和探索，试图站在理论的高度探讨切合我国陶瓷实际的相关问题，并寻求和探索解决现有问题的策略和途径。

弘扬传统文化，保护非物质文化遗产并非复古守旧，而是要着眼于科学对待传统文化，在时代发展的洪流中保留住具有非凡价值的民族遗产，坚持古为今用、以古鉴今，坚持有鉴别地对待、有扬弃地继承，因而对于薛家窑文化的探索坚持保持传统文化为先，传承与创新为主，努力实现传统文化的创造性转化、创新性发展。

第一章

薛家窑整体概貌

第一节 历史悠久的文化积淀

对于考古文化的研究需从横向和纵向两个维度来考察，既不能忽略时间跨度上带来的变革，也不能抛开空间因素带来的影响，因而对于陶瓷的考究应该把发展史作为切入点，首要抓住历史演进带来的文化积淀，才能更好地剖析其中的奥秘。

关于薛家窑所在的莒南地区在历史上有所记载，尤其《莒南县志》上记载得较为详细，莒南"史前为东夷文化中心区域，西周时属向国。东周时向国为莒国所灭，属莒国为东夷文化及其部落所建国家。秦时随同莒国薛家窑所在地区划入琅琊郡莒县，并完全融入中原华夏文化。西汉时属高乡县，隶属徐州刺史部琅琊郡。东汉时郡改国，高乡二县省，属徐州刺史部狼琊国莒县。曹魏时其中部和东部属青州城阳郡莒县，西部沭河两岸狭长地带（今石莲子镇、道口乡、板泉镇、相沟乡一带）属徐州狼琊国开阳县（今临沂市）。西晋时大部属徐州东莞郡莒县，沭河以西部分属徐州琅琊国开阳县。东晋十六国时依时间顺序先后属后赵、前燕、前秦、后燕、东晋、南燕，均隶属于东莞郡，并以郡代县，独南燕时郡县分治，属东莞郡莒县。刘宋时属徐州东莞郡莒县，明帝（465年至471年）失淮北后，归元魏，属南青州东莞郡莒县。高齐时属南青州义塘郡怀仁县。宇文周时属莒州义塘郡怀仁县。隋时属狼琊郡莒县。唐时属河南道密州莒县。五代时沿唐制，仍属河南道密州莒县。北宋时属京东东路密州莒县。金时属山东东路莒州莒县。元时属山东东西道宣慰司益都路莒州莒县。明代时大部属山东布政司青州府莒州，一部分属山东布政司沂州府莒州。清初莒州割5乡为20牌，牌领社，20牌中属莒南现行区划的有望仙、泉子、朱芳三牌全部和柳沟、相娄、朱车3牌的一部分。另外，莒南现行区划中的板泉镇、官坊乡、刘家庄乡、相沟乡和岭泉乡南部、十字路镇西部、洙边乡西部属沂州府兰山县临沭乡。清末宣统三年（1911年）兰山县临沭乡析为东潘、南河村和板泉崖3个乡区，原属兰山县临沭乡的莒南县现辖地域此时属兰山县板泉崖乡区。"县志中详细梳理了薛家窑所在县、市行政区域的历史变迁，因其地域上的划分是服务于政治，因而薛家窑所生产的陶器也为政治变迁而服务，最初为适应各历史时期的文化传承和生活需要。自春秋至1940年以前，莒南在行政区划上一直是全部或部分属于莒县，并完全属于莒文化圈中。

山东被誉为齐鲁文化之乡，齐所代表的是宽广的海洋文化，鲁所代表的是敦厚的内陆文化，二者都是构成中华文明的重要因子。近代有考古学家证实齐文化和鲁文化都来源于中原，源于西周时期的分封制，因而具有较浓厚的政治色彩，是中原文化对本土文化的同化。据考古证明，莒文化（鲁东南即薛家窑地区、罗庄湖西涯地区）与山东本土古东夷文化联系更加紧密，延续了古东夷文化的文脉，是自生的、原生形态的文化，代表中国东方古文化脉络的重要一支。因此，莒文化、齐文化、鲁文化应并列成为山东三大历史文化。本书对薛家窑制陶史的研究多以莒文化的发展脉络为主线，梳理薛家窑的制陶历史及其文化特色，并探究其作为莒文化的一种，即为鲁东南地区服务的手工艺门类的分支，所具备的历史价值和当代价值。

莒地，指山东省鲁东南以莒县为中心的沂沭河流域，涵盖沂蒙山区和日照市的沿海一带。莒地制陶工艺大体分为两种，东有薛家窑为代表的黑陶窑内渗碳工艺，西有湖西涯砂壶的窑外渗碳工艺，这是中国陶瓷史中东夷文明莒文化所影响的特色制陶工艺。莒文化即莒地历史文化，是古老的东夷文化的重要组成部分，早于齐鲁文化而又对齐鲁文化的起源和发展起到重要推动作用并做出了巨大贡献，如东夷文化的祭祀、礼天文化被齐鲁文化所接受。我国最早一批文字发现于莒县，酿酒法、铸币法也是莒人的发明，同时莒县还诞生了众多历史名人，留下许多历史典故，如刘勰及其著述《文心雕龙》、著名的"毋忘在莒"的典故。近年来，众多学者开始关注莒文化的研究，并为之着迷。

莒文明，夏之前即为"莒部落"，是东夷文化的中心，"莒部落"的民众讲仁义、守诚信、重礼仪、求礼智、多"好让不争"，人们喜"衣冠带剑"，皆有君子之风，所以又号称"君子之国"，文明发展程度较高，文化、经济等水平都领先于华夏。商时为"姑幕国"，对于巩固商王朝的稳定起到极为重要的作用。周代建"莒国"，傲立于东方，甚为强大，史称为"东方之雄强"。深厚丰腴的莒地历史文化，曾培养出足智多谋的姜子牙，助周灭商，建立起齐国，并将莒文化在齐国传播开来，齐国得以大治。后齐国多乱，莒国还多次保护其王公避难者，齐桓公即是一例，回国后奋发图强，"毋忘在莒"，为春秋五霸之首。鲁国也积极学习莒文化，从而得以强大，并与莒国多次结盟，共扶周王朝。后孔子对"莒文化"非常重视，多次提出"学在四夷"，并常来莒地周游，传曾师项橐，日照至今还有"圣公山"，遗迹尚存。孔子在"莒文化""仁"的影响下，创立起儒家文化，成为中华民族的重要文化渊源，流行于世界，至今还在影响着人们的思想。春秋战国时期，莒国力量较强，在众大国之间，纵横捭阖，和合万邦，为安定四方、重生保民起到一些作用，受到列国的重视和万民仰止。后因莒国国君无道，为楚所焚，继归齐国。周代之后，王朝巩固，莒文化一直得到不断的发展，英才辈出，如诸葛亮、刘勰等都为中华文化的发展起到了不可估量的作用，做出了重要贡献。

　　我国考古学界在鲁东南的莒县及其附近地区发现的陶文为一重大考古发现，1960年曾采集到三件大口樽，上面刻有陶文图像，现已公布于世，这对国内外历史的考究、考古学的发展产生了极为重要的意义，同样也成了古文字、美术及天文学界专家研究的热点，就目前来看，研究成果颇丰。在文字领域方面，学术界较为统一的结论认为，莒县陵阳河遗址发现的陶樽文字是现行汉字的雏形或远祖，是我国迄今为止所发现的最早的一批处于萌芽状态的文字，其成型时期属大汶口文化中晚期，距今5000年左右，比甲骨文尚早1500余年。作为会意字的代表，它的出现是汉字产生的重要标志，同样也改写了古文字出现的历史，对于中国古代文明起源尤其是文字文明的考究提供了极为珍贵的重要资料。而从制陶史的角度而言，刻有陶文的大口樽，也是陶瓷的重要里程碑，同时说明了鲁东南制陶深厚的文化底蕴。除此之外，处于黄河下游的山东地区，在莒文化区域中出土了全省唯一的细石器，这个发现进一步确定了古莒文明在齐鲁大地中的地位。

第二节　得天独厚的自然环境

良好的自然环境是人类生存与谋求生活之路的优渥条件，中华文明的源远流长也得益于大自然的馈赠，自然环境为人类生产提供了必需的物质条件。在人类文化史上，陶瓷生产与自然环境密不可分，优良的自然环境和丰厚的人文因素为陶瓷文化的发展和丰富提供了独一无二的条件。

山东省鲁东南地区境内山岭连绵，林木茂密，溪水纵横，是沂河沭水的发源地。该地区黄胶泥、黄矸、黑矸、紫矸、瓷土、煤炭等矿产资源十分丰富，为当地民间制陶手工业提供了充足的原料和燃料。鲁东南莒南县城（图1-2-1）以北25公里处，沿浔河而建的薛家窑村，是一座建在大汶口、龙山文化遗址之上的典型古老村落。此处多富传奇色彩，因历史上在

图 1-2-1 莒南县城一景

此做陶的人家多姓薛，所以称薛家窑（图1-2-2、图1-2-3）。

莒南县薛家窑毗邻省级风景名胜区天马岛景区，北连历史文化名城莒县，南靠历史文化名镇大店，东接日照，西近沂南。这里的薛家窑古遗址为省级文物保护单位，遗址保护面积13万平方米。这里属温带季风区半湿润大陆性气候，年平均气温12.7℃，年平均降水856.7毫米，无霜期200天，年平均日照时数2434.6小时。

图 1-2-2 薛家窑制瓷工具　　　　　　图 1-2-3 开窑

从地理位置而言，薛家窑位于莒南县北部，与莒县界相邻，分别距两个县城20公里，这是中华人民共和国成立后的划分。早期同属古代莒国，是古莒文化典型窑口。莒文化由莒地而得名，因莒地建都立国而形成一种区域历史文明。莒国地域辽阔，主要分布在沂沭流域，旁可兼及潍水与汶水流域，西部大体的界划约为南起费县，北过平邑、蒙阴、沂源而至临朐、安丘、昌邑南境，东边则是以海岸线为界，其南起江苏连云港、赣榆，经山东日照、胶南、胶县而至平度西部与昌邑南部，其南边的界线，约东起连云港，西经东海、郯城、苍山而至费县。文化意义上的莒地，是指沂河、沭河、潍河上游以东的鲁东南近海沿海地区，包括今天的莒县、沂水、沂南、莒南、临沭、东港、五莲、诸城、胶南以及江苏的赣榆等县市，春秋时期上述各地全部或部分属莒国版图。因而莒文化的脉络为出土各时期陶器，尤其是鲁东南陶瓷提供了重要依据及标尺。

由此可见，莒南薛家窑在地理位置上一直处于莒国腹地，与莒文化中心、现在的莒县毗邻，占据着非常重要的地理位置，它的制陶工艺有着浓厚的莒文化风格。如此优良的自然环境使得人们生活舒适惬意，在人类文明发展的过程中，借以优良的环境不断地进行创造性的开发，不断推进文明的演变。

第二章

莒文化传承中的薛家窑

第一节 莒文化的根系考究

鲁东南是孕育莒文化的沃土，在这片广袤的大地上，一支顽强的土著文化倔强地生长着，它极富生命力地保持着东夷传统，是齐鲁文化中海岱古文化的重要组成部分。近几十年来，众多学者将视野放在莒文化上，并挖掘其根系，归纳特色，梳理脉络，为众多文化考究提供了殷实的资料。薛家窑作为莒南重要的窑口之一，深受莒文化影响，在莒文化的浸染中不断地发展演变，因而薛家窑的文化中深含莒文化，由此对莒文化的梳理和考究显得尤为重要。

据考究，莒文化的源头可追溯到旧石器时代，莒州大地位于鲁东南地区，这里发现旧石器时代的遗存是由于这里适宜旧石器时代人类生存环境。"海岱区的旧石器时代遗址于1965年发现了千人洞洞穴遗址，1981年发现了'沂水人''沂源上崖洞洞穴遗址'。1982年在临沂凤凰岭首次发现了以细石器为主要特征的'中石器时代遗存'。"[1]同时在此地陆续

1. 苏兆庆主编、刘云涛副主编：《莒文化与中华文明》，中国社会科学出版社，2012年，第61页。

发现成年直立人个体的其他遗骨，由此可推断出该地区的人类生存概貌，且揭开了鲁东南的历史。鲁东南旧石器时代晚期的遗址多见于旷野，且遗存以细石器为突出特征，保有原生文化层的遗址不在少数，当然也有失去原生地层的细石器采集点，并在凤凰岭、青峰岭发现了用火遗址，人类文明的进步由此可以见证。"鲁东南的细石器，包括莒县杨家官庄、大官庄、中泉、破子等村4处细石器地点。有华北典型细石器组合中最有代表性的类别，如船底形（扇形、宽楔形）细石核、楔形细石核、锥形（铅笔头形）细石核以及拇指盖形或龟背形圆刮器及其他形状的圆刮器、长刮器、尖形器、雕刻器以及典型细石镞。有些典型细石器的压制修理技术已相当成熟，石料以白色石英、脉石英为主，构成鲁东南（或称沂沭区）'中石器时代'文化的主要特征。"[2]鲁东南地区历史的变迁如同人类的成长，在漫长的时间里进行艰苦卓绝的努力，但在这过程中从未停歇，而是顽强不息地向前迈进，由此人类的生活技能和体质也有所改变，智慧也在随之增长，人口数量也不断增多，这也是社会不停进步的重要证据。

大汶口文化前期，鲁东南地区人口相对稀少、文化相对闭塞。但是，到了大汶口文化后期"突然"呈现人口兴旺、文化发达之势。不仅遗址数量多，而且一些突出的文化成果占据了整个海岱区的前列。仅莒县就已发现了42处大汶口文化后期遗址（其中大多数的绝对年代可推定在公元前3000—前2600年间），其中有著名陵阳河、大朱村、杭头等墓地。整个海岱区大汶口文化后期之所以有如此之大变化，大抵归于以下几点：

首先是阶级、私有制形成，贫富悬殊较大，社会上层逐渐崛起，氏族内部分裂为相对稳定彼此对立的阶级。在已考

2. 苏兆庆主编、刘云涛副主编：《莒文化与中华文明》，中国社会科学出版社，2012年，第62页。

证的遗址中发现，家族间的贫富分化较为明显，陵阳河墓葬中大中型墓相对集中，最大的 6 号墓长 4.5 米，宽 3.8 米，面积 17 平方米多。"有木椁，陪葬品有玉璧、玉钺、骨雕筒等 206 件。特别指出的是第 19 号墓的墓主为一男性，头部有一精致的石钺，右侧有陶号角和可能作为钺柄饰物的骨雕筒，足端置一刻有'意符'的大口樽，还有不少随葬陶器，应为一军事首领。"出土的陶号角做工精良，烧制温度高，造型为全国唯一乐器类号角，并伴有带中国文字雏形的大口樽一件。除此之外，同一家族墓内也有随葬品多少之差，优劣之别，这与家族长者与成员间地位不同有关，同时也反映出一个家族的兴衰变迁。

其次，氏族部落间出现优胜劣败的分化，如果说大汶口文化前期，社会上层还可以用"巧取"的方式来满足贪欲的话，到后期则主要诉诸"豪夺"了。区域间不同的财富差距具有一定的刺激性，财富多者对寡者造成了一定的刺激，因而在野蛮人看来进行掠夺是更为荣耀之事。这种掠夺不仅仅存在于不同部落，甚至是同一部落里也会展开，因而目前我们之所以能够看到墓地遗址间有大小贫富之差距，源于这种优胜劣败的结果。陵阳河、大朱村等墓地相对较为强大、富有，人口相对众多，居于具有优势的中心部落所属的墓地；而以胶县三里河墓地为代表的部落，相对陵阳河墓地部落较为低。"中心聚集部落崛起，聚集部落之间分为大小不同层次，是大汶口文化后期，即野蛮时代鼎盛期，才出现的部落形态上的变化，是为文明时代城邦出现所做的准备，也是城乡开始分化的标志，中心聚集部落的崛起反映着这一地区、这一历史阶段上所发生的社会结构与经济结构的大变革。"

再次，社会经济结构变革，手工业分工精细深化，尖端

图 2-1-15 鸟啄形足黑陶鼎

图 2-1-16 陶壶（战国）

图 2-1-17 龙山罐形鼎

图 2-1-18 龙山灰陶鼎

图 2-1-19 龙山文化盆形樽

图 2-1-1 龙山黑陶鬶

图 2-1-2 龙山黑陶鬶

图 2-1-3 龙山黑陶鬶

图 2-1-4 大汶口黑皮陶盉

图 2-1-5 战国陶盉

图 2-1-6 龙山黑陶甗

图 2-1-7 龙山黑陶甗

图 2-1-8 龙山黑陶甗

图 2-1-9 龙山蛋壳陶宽沿高柄杯

图 2-1-10 龙山蛋壳陶高柄杯

图 2-1-11 大汶口黑陶高柄杯

图 2-1-12 龙山黑陶罐形鼎

图 2-1-13 龙山黑陶兽足盆形鼎

图 2-1-14 大汶口黑陶鬼脸足罐形鼎

图 2-1-20 龙山黑陶双耳罐　图 2-1-21 龙山黑陶盆

图 2-1-25 陶罐（战国）

图 2-1-22 大口樽局部　图 2-1-23 大口樽　图 2-1-24 蛋壳黑陶高柄豆

产品流向社会上层也是不可忽视的一个原因。鲁东南社会经济的变革体现在制陶、治玉等生产门类里。目前在鲁东南各墓地发现的随葬陶器呈现一派绚丽辉煌、多姿多彩的景象，同时还出现了一些新的陶器器型，如陶鬶（图 2-1-1、图 2-1-2、图 2-1-3）、背壶、陶盉（图 2-1-4、图 2-1-5）、陶匜、陶甗（图 2-1-6、图 2-1-7、图 2-1-8）、高领折肩大罐、各种陶质、各种烧成工艺的高柄杯（图 2-1-9、图 2-1-10、图 2-1-11）、瓶；陶豆底座变得高大，单耳器加多，鼎（图 2-1-12、图 2-1-13、图 2-1-14、图 2-1-15、图 2-1-17、图 2-1-18）、甗、樽（图 2-1-19）、罐（图 2-1-20）、盆（图 2-1-21）、匜上出现了横印蓝纹装饰，镂空盛行等。这些新出现的陶器在部分除具备日用品的功能外，更为重要的是具有财富或社会地位的象征意义，如带有"意符"的大口樽（图 2-1-22、图 2-1-23）、陶号角以及成组的陶壶（图 2-1-16）、陶豆（图 2-1-24）、陶罐（图 2-1-25）等是权力的象征、财富的象征；无论是显示社会上层豪饮成风的数十件高柄酒

图 2-1-27 大口樽——日、月

杯，还是作为炫耀财富手段的满坑成排的酒器，都是一种权利的再现。同时，具有社会意义的彩绘大陶盆的出现并非只是技术的进步，还代表着装饰艺术的进步。彩绘陶在陶器烧成后画上花纹的，既怕湿水，又易泯没，无法为日常使用，但它作为具有礼仪功能的特殊艺术品是适应社会分层的需要而产生的。社会对此类高品质产品的需求，是刺激陶业生产进一步分工走向专业化的一股不竭动力。陶业生产一部分作为日用器流向民间，而另一部分作为精品与特需产品流向社会上层。这种社会需求也刺激了陶业采用快轮制陶技术，为更大规模的批量生产及精品的生产创造技术条件。除此之外，治玉业、象牙骨雕业等也为适应社会上层的需要，相继独立发展起来，它们作为信仰之物而流传，"葬玉"也随棺椁同步出现，是葬仪复杂化、走向制度化的一步。

继而，社会价值观念发生了明显的变化，私有财富已成为社会成员追逐的目标，导致大汶口后期如此之大的变化。原始社会生产力低，社会组织内部成员具有向心力，加之血缘关系，因而形成牢固的氏族纽带。私有制的形成产生私有财富，这就成为氏族内部的分裂力量，导致社会间的竞争追逐和价值观念的变化，这在大汶口文化后期的葬俗中体现尤为明显。加之共识性意符的产生成为鲁东南突出的文化成就，如早在 1959 年就在莒县仕阳发现过刻文大口樽，陶樽上的刻文引起古文字学家的重视，并对此进行了考释（图2-1-26、图 2-1-27）。通过对其考证及研究发现，大口樽

图 2-1-26 大口樽

并非生活日用品，而是在社会、宗教活动中具有特定功能的器物，相当于后世的"礼器"。大口樽所承载的刻文，占据文字起源史的重要地位，在体现个人记事的随意刻画的同时达到沟通思想表述语言的作用，它是在一定地域，相当于一个甚至数个部落联盟的大族群内，达成共识的意符，具有强烈的社会性。极有可能与墓主身份有关。总而言之，陶文的出现，反映了鲁东南地区在当时已具有较大的社会组织，并产生了共识意符，抑或标志着大汶口文化社会在经历了大动荡、大分化之后已出现大改组，金字塔社会结构逐步形成的。

据考证，莒人的祖先可能来自鲁南苏北，从考古遗址分布图上可以清楚地看到，在河南、安徽的淮北地区，大汶口文化后期遗址有成片的分布。安徽蒙城尉迟寺曾出土带有"意符"的大口樽，目前发掘所得已有 6 件。这为证实"尉迟寺人"是"大汶口人"的分支提供了极为有力的资料，而且显示了他们和现今莒县陵阳河、大朱村为生存中心的部落集团或有着血统上的亲缘关系。他们共同的祖先可能来自鲁南苏北一带。"大致在公元前 3000 年前后，由于某种压力，他们中间的几支各奔东西。东迁的，后来成为'陵阳河大朱村人'；西迁的成了'尉迟寺人'。"究其分迁原因，或因人口增长，血缘集团正常分裂，或是为了掠夺邻人财富，更可能是受到江淮地区北上的良渚系集团的武装压力。"鲁东南的（包括临沂、临沭、连云港、莒南、莒县、沂水、诸城、胶县一带）大汶口人、龙山人等东夷部落可以说是后来莒国先民的直系祖先，或者更准确地说，东夷部落在大汶口文化后期生息繁衍在鲁东南的一个庞大的文化集团、部落集团中，必定有一支就是后来莒国人的直系祖先，也是当地现今薛姓等几个姓氏家族的直系先祖，其黑陶烧制时间已延续 6000 年。"[3]

3. 苏兆庆主编、刘云涛副主编：《莒文化与中华文明》，中国社会科学出版社，2012 年，第 70 页。

第二节　"先莒文明"的迈进

从陵阳河、大朱村墓地看，当时社会阶级形成尖锐的对立，部落与部落之间已有优劣趋势和强弱的分化，社会集团、族群、各阶层之间斗争日趋激烈，在此基础上为避免出现无度的厮杀与掠夺，国家王权应运而生，这使得混乱的社会秩序得以平稳，新的较为稳定的社会秩序逐步建立，并向着文明时代迈进。伴随着文明的出现，社会剩余财富不断增多，手工业迅猛发展，社会再分配有着良好发展的趋势，涌现出了一批前所未有的物质文明，从而孕育出了精神文明成果。从遗址的分布来看，位于莒县的龙山文化遗址较之大汶口文化后期的遗址更为密集，多达 60 处，龙山文化的发展是从以陵阳河为代表的大汶口文化发展而来的，如鼎、鬶、高柄杯、豆等典型器物都能从大汶口晚期的同类器中找到祖型，在工具的类别、形制、建筑技术、葬俗以及诸如枕骨人工变形、拔除侧门齿、死者手握獐牙之类的习俗方面也都能看出鲁东南地区龙山文化与大汶口文化的传承关系。鲁东南地区率先进入"文明时代"大抵源于以下几点，首先在于该地区社会经济的不断发展与进步，农业发展较为突出，尤其是水稻种植，日照尧王成龙山文化遗址发现的十余粒水稻经鉴定为人工栽培粳稻。其次，该地区的制陶业发展领先于其他地区，从该地区出土的器皿中不难发现，这些陶器有着显著的分格的形状，且有凸棱，形象轻巧，做工精致，造型方面有常见的流嘴、器壁的镂空等，使用了快轮制陶术，所制作陶器显示了当时社会的尖端技术。再次，龙山文化的玉业不断发展，有了技术上的进步，代表着王室的经济，是王权政治的凝聚，同样也是中国精神文明与物质文明的结合。

除此之外，龙山文化也同时出现冶铜业，且鲁东南地区是海岱区迄今为止发现冶铜业遗迹最多的地区，但主要集中于小件。伴随而起的是建筑技术也具有突出成就，已出现用土坯错缝砌墙、构筑房基等，最能体现当时建筑技术的当属夯筑城址的出现。技术上卓有成效的进步促使国家王权的发展，同样形成贵贱有别、上主下从的多层金字塔式社会结构，由此而产生新的社会价值观。龙山时代社会追求的目标由原来的财富数量转变为贵族级别的尊荣，等级地位的标示物才是其追求的首要目标，因而当时龙山时代随葬品有减少之趋势。

夏商时代，先莒文化相对独立完整地保有东夷文化传统，岳石文化继龙山文化而发展起来，具有独立的发展道路。但该文化中的陶器与海岱区其他类型陶器在类别、器型大致相同，"炊具主要是一类三只肥大袋足的褐色的夹砂陶鬲，鬲的腰部、裆部往往用泥条加固；还有鼎、罐；盛储、饮食用器多是轮制的泥质陶，器壁较厚，内胎灰色，外表黑亮，造型规整，厚实耐用，有盆、矮足罐、簋（图 2-2-1）、皿、樽形器等，还有一种带有蘑菇状纽的器盖。较有特色的石器是长方形孔的多边刃石锄和一种半月形弧面弧刃石刀。另在其他的遗址里出土了一定数量的铜器小件"。[4]由于对岳石文化的发现、研究起步较晚，而又没有发掘到足以代表岳石文化成就的大型遗址，因而辉煌的业绩尚未被揭示，对其社会情况及认识有限。总而言之，夏代东方古老的莒人同海岱东夷其他各支系一样，一直保持着独立的文化传统，顽强地迈着历史的脚步在鲁东南的大地上走完了长达 500 年的岳石文

图 2-2-1 陶簋（西周）

4. 苏兆庆主编、刘云涛副主编：《莒文化与中华文明》，中国社会科学出版社，2012 年，第 76 页。

化时期发展历程。在下一个阶段上，鲁东南的先民随海岱历史的总趋势，开始走向不可逆转的与商王朝争斗、与商文化融合的历史之路。

作为西周王朝封国，莒国的文化开始了夷夏融合的历程。"周王朝灭商之后，武王为迅速建立周天下的秩序，而大封诸侯。武王的战略目标是要把统治网络牢固地掌握在姬姓宗亲、贵戚手中。但同时也需要对参与灭商的盟邦'八百诸侯'予以承认和褒赏；封五帝先圣之后裔、封商纣之子录父，以示对历代圣贤、商殷先王的尊崇和对殷遗的宽厚；此外还封立了一些异族异姓国家，这只不过是承认既成事实，把早已存在的国族作为商王朝的遗产继承过来而已。莒人的国族大约就是在被武王承认而后封之列。"[5] 莒国据传有铭铜器，"有西周的'莒小子簋'2件。其造型风格均类西周王朝礼器，可能来自王朝赏赐。但还有1件铜方鼎，盖纽为双裸男女，鼎足由6个裸人承托。其装饰题材颇带'蛮夷风格'，或者就是东夷文化的特色。"[6] 相传为莒县出土，据推测极有可能为莒国铜器，因而当时西周莒国很有可能已具备独立且发达的铸铜工业，这也是莒国手工文明的另一重要体现。

第三节　莒文化的鼎盛与秦汉文化的融汇

春秋时期的文化氛围为莒文明的鼎盛创造了极为有利的条件，"'东周礼崩乐坏，出现社会政治大动荡及重新洗牌''春秋无义战'、经济文化大发展的局面。大国出于争霸的需要，致力于社会改革，集政治、经济、文化全面发展，形成了以

5. 苏兆庆主编、刘云涛副主编：《莒文化与中华文明》，中国社会科学出版社，2012年，第78页。

6. 苏兆庆主编、刘云涛副主编：《莒文化与中华文明》，中国社会科学出版社，2012年，第80页。

大国为核心的数个政治中心，或称文化圈，其中之一就是齐鲁文化圈。"[7] 而莒文化便成为多元的齐鲁文化圈中本土东夷文化的突出代表。莒文化在东周时期内，经历将近两个半世纪的发展，客观上为多元一统的帝国和夷夏共同体的形成做了准备。"春秋时期的莒国国都在今莒县境内，莒国大致领土在今山东省安丘、胶州、胶南、诸城、五莲、沂水、莒县、莒南、日照一带。莒人以《春秋》鲁隐公二年（前721年）'莒人入向'、隐公四年（前719年）'莒人伐杞'的攻伐、侵略者的形象，登上春秋历史舞台，春秋最初十年间，还有莒、纪会盟和莒、鲁会盟的记录。鲁襄公六年（前567年）又有'莒人灭曾'之举。"[8] 可见当时政治活动的频繁。

除春秋早期一些不书其名的"莒子"外，莒国多有篡夺君位的内乱。在春秋之世，莒国自恃与齐、鲁平等，干预他国政治。莒在齐人眼里，被视为淫乱之国，因而屡受齐国侵凌。公元前431年，楚国"北伐灭莒"。莒国虽被强国所伐，但终究是自取灭亡。从莒国考古材料所得，莒国物质文明昌盛，而国君侈奢萎靡、礼俗野蛮，这形成了强烈的矛盾，而这种矛盾在古代文明进程中是必然的，具有普遍的规律性。

海岱先秦考古中，有关春秋莒国的考古较为丰富。首先是春秋莒国故城城垣。莒故城有外城内城两重夯筑城垣，外城南北5.5千米，东西4.5千米，内城南北各近2千米，东西1.5千米。其次还有其他重要发现，除传世的东周莒器"莒大史申鼎"和2件"莒戈"外，在莒县、沂水等地发现众多非正规发掘的春秋铜礼器等，如1975年在莒南县大店镇的花园村和老龙腰发掘的2座莒国殉人大墓，墓内有众多随葬品，如铜削、木梳、象牙小件等。1978年在沂水县院东头公社刘家店子村清理了2座春秋墓葬和1座车马坑。一号墓规模宏大，

7. 苏兆庆主编、刘云涛副主编：《莒文化与中华文明》，中国社会科学出版社，2012年，第80页。

8. 苏兆庆主编、刘云涛副主编：《莒文化与中华文明》，中国社会科学出版社，2012年，第80页。

残存墓口南北 12.8 米，东西 8 米，残深尚有 3.6 米。随葬的铜礼器有鼎、鬲、甗、簋、盉、罍、罐、壶、盆、盘、匜、舟等共 55 件。除此之外还有其他墓葬的考古发掘。从众多考古资料中可知，莒国贵族墓室的墓道多在东壁一旁，且墓室较大近百平方米，有宽大的器物坑，殉葬者数人甚至数十人，多为贴身奴隶、妾、歌舞乐奴、亲信等，随葬品中有礼乐器，造型独特，纹样美观，工艺精良。

莒国贵族葬制与东夷土著国家的葬制有明显的相似之处，但与鲁故城春秋墓的葬制差异较大。另外在葬制方面，在从死、殉人方面，莒国葬制恰巧与齐国的葬制有些相同。"总之，微观地看，海岱地区各国葬制各不相同；宏观地看，特别是随葬礼器的鼎、簋、壶、敦、盘，乐器编钟、编磬，武器剑、戈以及车马器等类别上，在陪葬车马坑、车制、葬具等方面，夷礼与周礼是相近的。"[9]至于相近的缘由，应是本土文化与中原文化互相融合互相影响的结果。

从莒国墓葬的葬制特点及随葬品中可大致了解莒国物质文化的水平之高。除此之外，莒国的金器制作技术也极为发达。如沂水刘家店子，是海岱区春秋墓出土金器最多的一座墓，金器嵌金漆勺，十分精美，勺呈圆形，木胎已朽，口径 8 厘米，有扁平柄，长 15 厘米。此外还有一些稀有精品，如雕花漆器、组玉佩、车伞开合装置等。由此可见，莒国与齐国、鲁国相比，虽算小国，但就其财富、经济等方面依旧较为发达，莒国的统治者和贵族，在贪欲、享受、侈靡、夸富方面，并不亚于齐鲁大国，甚至以能僭越、更侈靡为荣。

至战国，莒文化已呈弱势。战国前期，齐国兼并了莒国北部的部分土地。齐国为防御楚国的进攻，修筑了西起泰山、东到琅琊海岸的"齐长城"。迄今，在原莒国的土地上，如

9. 苏兆庆主编、刘云涛副主编：《莒文化与中华文明》，中国社会科学出版社，2012 年，第 85 页。

沂水、莒县、诸城等地的"齐长城"犹在。但在莒国故土上，战国遗址、墓葬等已难以区分属莒抑或属齐，齐莒进一步地融合并逐渐抹平各族文化的特色以及族属之别。无论从经济角度而言还是从文化上来说，都形成了以齐文化为核心的海岱共同体。从考古学意义上而言，莒文化主要是先汇入齐文化巨流，然后，随齐文化汇入秦帝国文化的汪洋大海之中。

在对莒国史的考古初探中，已对莒人的祖先如何从蒙昧的旧石器时代走向新石器时代进行了分析，在鲁东南这块土地上，经历了以私有制出现、贫富悬殊、掠夺、厮杀、部落优胜劣败为特征的野蛮鼎盛时代，同样又探究了如何为避免同归于尽而呼唤权威、秩序。"在海岱文化区，莒人的祖先率先从野蛮走向了文明，最初的古国应运而生；在文明时代早期，特别是春秋时期，莒国社会又是如何在文明与野蛮的交织、交替、矛盾中发展的；在这一发展过程中，还能大致看到商、周中原王朝多元文化对莒人代表的东夷文化的浸润、吸收和融合的轮廓，以莒人历史作为一个侧面，看到了在政治、经济、文化不断搏揉下夷夏共同体形成的大致脉络。"[10]

第四节 莒县文化概述及遗址概览

一、莒县文化概述

莒县呈北高南低的地势，北枕箕屋，南屏马鬐，东界院山之险，南界浮来之奇。境内沭河纵贯全境，潍水源出域北，莒城坐落在沭河上游冲积所形成的平原，地势开阔、气候适宜。从胶东半岛蔓延至苏北沿海，是我国东方濒海地区海洋文化

10. 苏兆庆主编、刘云涛副主编：《莒文化与中华文明》，中国社会科学出版社，2012年，第88页。

图 2-4-1 日照两城镇遗址①

图 2-4-2 日照两城镇遗址②

图 2-4-3 日照两城镇遗址③

较为发达的地带，也是先周时期吕氏部落活动、建国的区域，在丰腴的大地上孕育出了发达的古代文化，同样这也是东夷文化的重要发祥地。

莒文化历史悠久，是早期人类文明的孕育地，也是人类的文化中心之一。据考古资料证明，约在中生代第四纪中期，莒地已是植物茂盛、哺乳动物蓄息、古人类繁衍的地方。"1984年于东莞镇横山发现梅氏犀牛、巨河狸、熊、鹿、鬣狗、鸡等化石，距今约 60 万年以前，与北京猿人时期动物化石年代相一致。1981 年发现于周代莒国西北边陲的'沂源猿人化石'距今约有 50 万年之久。"[11] 由此可大约推断出沂源猿人是东方夷人的祖先。同时，1983 年在沂水县城西北范家汪村南洼洞中，发现了骨器、石刮削器、尖状器等具有旧石器早期文化特征的遗物，并且在日照市双庙村和竹溪村均有发现同类遗物；早期遗存在郯城和马陵山等地亦有发现，晚期遗存细石器在沂、沭河流域则发现更为普遍，仅莒县境内就有长岭乡的坡子等 4 处，突出地反映了莒地文化内涵丰富的特征。旧石器早期文化较为丰富，新石器时期的文化内涵更为饱满，特点尤为突出，分布亦较普遍，最密集者当数莒县与日照。若论其考古价值，当数莒县陵阳河、大朱家村、杭头、塘子较高；日照两城（图 2-4-1、图 2-4-2、图 2-4-3）、东海峪、尧王城等处的文化渊源脉络清晰，序列发展较为分明，既是东夷文明的重要区域，亦是考古探讨人类文明起源的重要依据。各个阶段文化的发展与过渡均能在莒地找到相关依据，文化的发展既具备周边地区的共性，亦有其独特的自我个性存在。

"莒为三代古国故都，夏代城邑初见端倪，商为姑幕国，周为莒国，降至两汉为城阳国都治。"[12] 莒地先民崇拜太阳，

11. 苏兆庆、夏兆礼、刘云涛编著：《莒县文物志》，齐鲁书社，1993 年，第 6 页。

12. 苏兆庆、夏兆礼、刘云涛编著：《莒县文物志》，齐鲁书社，1993 年，第 7 页。

以此为祭祀古俗，并最早掌握了以日出为方向确定的二分二至，将天象与农时联系起来。因此，莒地史前农耕文化较为繁荣发展，这对后期的农业发展水平产生了深远的影响。关于祭祀的记载，在莒县陵阳河、大朱家村、杭头等遗址出土的大型陶器大口樽上得以体现，上面刻有 10 多种类型 20 余个单字的陶文，分别涵盖气象、植物、工具、兵器等方面，是祭祀最为形象的反应，同时亦是农业生产高度发展的标志。此类记载已引起海内外考古、历史、古文字等学界的极大关注，这对研究我国古代汉字的起源有着最为可靠的依据，同时也为探讨我国文明的起源与发源有着独特的意义。莒地不仅有早期陶文，而且在莒之旧都胶县三里河已出土早期青铜工具，再者日照西部早已属莒旧境，其早期城堡初见端倪。因此，莒地文明之火光早在原始社会中期已熠熠生辉，诞生了汉字文明、农耕文明、制陶冶铜文明等，这对于我国文明的考究及发展影响深远。

时光的长河里不会冲刷掉岁月变更的痕迹，莒地古之先民以其强健的步伐，坚挺的信念在人类文明大道上迈进，文明发展的轨迹虽经沧桑之变，但仍为莒地留下了大量文物古迹。"迄今已发现古文化遗址、墓葬（群）1291 处；其中细石暑等遗存 1 处，新石器遗址 112 处，商代遗址 11 处，周代遗址 162 处，汉代遗址 186 处。陵阳河、大朱家村、杭头、塘子等遗址均内涵丰富，是省级重点文物保护单位。"[13] 莒地境内古冢累累，大多为周代、汉代的莒国城阳国国君、贵族墓葬，时至今日已有 200 余处。这些墓葬均依山势高起垄冢，势如山陵，气势庞大，虽经百代，仍是原象依然。至今有众多古文化遗址、古城址、古墓葬等丰富的文物资源，并具有各个历史时期的重要文物，如玉石器、陶器、青铜器、汉画

13. 苏兆庆、夏兆礼、刘云涛编著：《莒县文物志》，齐鲁书社，1993 年，第 8 页。

像石、石刻、货币、钱范、印玺、书画等，其中陵阳河等遗址出土的刻画图像文字的大口樽、牛角形号、成套酿酒器具、鸟形双銮鬶、算状鬶等陶器，是中国新石器时期考古的重要发现。众多文物都造型古朴、工艺精良，富有鲜明的莒地特色，代表着莒国较为发达的技术。

莒城作为山东省历史文化名城，名胜众多，人文荟萃。今莒县北境之箕山为潍水发源地，是箕国故地，箕城故址犹存，有汉代银杏树和六朝佛寺。莒城西浮来山上有古刹定林寺，是莒地古今名胜，浮来山上有天下银杏第一树，为春秋莒鲁会盟处；有刘勰校经楼、文心亭等古迹。浮来山林清幽、峰壑奇秀，为历代高人韵士所遨游寄兴。马鬐山耸立于城南，平地挺拔，群峰秀起，山上有红袄军、红巾军的营垒故址，并有望海楼、一线天、观星台、仙人洞等景观。城东屋楼崮苍郁嵯峨，林泉幽美，相传有巢氏栖此，巢楼由此发源。莒地先民在五千年前就以此山观日出确定春秋二分的来临，是我国古老的天文观察台，屋楼崮以其"屋楼春晓"成为莒城外八景之一。莒城是三代古圈都城，秦汉以来，先后为侯国都城和郡、州、县治所。城内外有国士桥、闵子书院、城阳王祠、乐毅垒等众多古迹，都代表着莒国自古至今悠久的文化传统。

莒国古老的文化传统使得莒地人民有着不畏强暴和勇于斗争的精神。众多农民起义及驱逐暴君的决策使得该地爱国志士和普通百姓不断发扬坚毅的品格和顽强的斗争意识，从古至今为保卫领土而奋斗，谱写了救国图存的篇章。"1938年2月，日本侵华军自青岛南侵至莒城，守城的国民军将领刘震东麾军抗击，用鲜血写下了莒县人民抗日救国的壮歌，所在地大店更是成为抗日时期山东省政府驻地，共产党的大众时报诞生地。"[14] 莒地位处东方濒海地区，地理环境优越，

14. 苏兆庆、夏兆礼、刘云涛编著：《莒县文物志》，齐鲁书社，1993年，第10页。

自然条件优良，莒地先民凭借自然优势，逐渐加强对客观世界的反应能力，因而不断地适应并力图改变客观世界的影响，在与自然的共生共存中创造出光辉灿烂的人类早期制陶文明，以其独特的文化特色而享誉于中国之东方，并以出土数量众多的各时期陶瓷器，充分反映了当地独具特色的陶瓷文化。无论是旧石器时代较为原始的文明诞生，还是新石器时代人类智慧的创造，以及青铜器时代具有一定科技含量的发达文明，都通过各类器物承载了丰厚的文化，反映出莒地先民具有创造性和变革的精神，推动了人类物质文明和社会生产力的发展。

二、莒县古文化遗址及考察状况

莒县一带气候湿润，植物茂盛，自然条件优越，自古以来是古人类生息繁衍适宜之地。1984 年在东莞镇横山发掘出土了梅氏犀牛、河狸、熊、鹿、鬣狗、鸡等动物化石，距今约五六十万年，同北京猿人时期的动物化石年代大体一致；在杨家官庄、大官庄、中泉、坡子等村，先后发现了距今约一万年前的细石器点 4 处；以莒城为中心，在沭河、陵阳河、鹤河、袁公河两岸共发现新石器时代遗址 112 处，其中大汶口文化遗址 40 处，龙山文化遗址 62 处，岳石文化遗址 10 处。这些遗址的挖掘和器物的出土都证明了 5000 年前莒县已是人类聚居、农业和手工业生产发达的地区。其中陵阳河、大朱家村、杭头等大汶口文化遗址出土的大口樽等大型器皿居多，其中一件高领罐高 71 厘米，口径 17 厘米，盛粮 85 斤，由此可推断出，大型储粮罐和成套酿酒器的发现，标志着当时农业生产有了很大提高，畜牧业和手工业也相当发达。

"境内已发现商代遗址 11 处。莒地出土商代青铜器大致

图 2-4-4 龙山黑陶豆

图 2-4-5 陶豆（战国）

图 2-4-6 大汶口黑皮陶觚形器①

图 2-4-7 大汶口黑皮陶觚形器②

15. 苏兆庆、夏兆礼、刘云涛编著：《莒县文物志》，齐鲁书社，1993 年，第 38 页。

图 2-4-8 战国彩陶豆，笔者于鲁东南湖西涯周边采集

可分为礼器和兵器两类：礼器有鼎、豆（图 2-4-4、图 2-4-5）、爵、觚（图 2-4-6、图 2-4-7）、斝、角、樽、卣、盉及盘等；兵器有刀、戈等。这些均可视为莒之青铜文化的典型。"[15] 公元前 11 世纪，农牧业、商业、手工业已有长足发展，莒国青铜器造型和纹饰均有独特的风格和制作技术。莒城规模宏大，商代遗存发现较多；周代遗址遍及莒地全境，目前已发现周代遗址 162 处，这足以说明当时人口的剧增和文化的发达。战国时期，商业经济已较为发达，物质文化日趋鼎盛，军事设施较为先进。迄今为止，莒城内发现的冶炼青铜和铸造货币的作坊，对研究当时历史文化的发展和社会的进步都具有十分重要的价值（图 2-4-8）。

通过 1980 年、1988 年两次大规模的文物普查，共查出汉代以前遗址、墓葬（包括文物点）1291 处，基本摸清了这些遗址的方位和范围。对于部分遗址的试掘，发现众多特色遗物，这使我国古代文明的考证有了更为翔实的资料，对于莒国历史文化的研究提供了丰富宝贵的参考。以下表格为《莒县文物志》中收录的莒县文化遗址。

莒县文化遗址

所在县市	序号	遗址名称	位置	面积	文化层厚度	延续时代	资料出处
莒县	126	杭头	陵阳乡杭头村东 600 米	6	1	大、龙	莒县文物志
	127	西山河	陵阳乡西山河村西 300 米	3	0.8~1	龙山	莒县文物志
	128	集西头	陵阳乡集西头村北 30 米	3	不详	龙山	莒县文物志
	129	店子集	店子乡店子集村北 20 米	2	不详	龙山	莒县文物志
	130	后西庄	店子乡后西庄村北约 50 米	1	不详	龙山	莒县文物志

所在县市	序号	遗址名称	位置	面积	文化层厚度	延续时代	资料出处
莒县	131	张家石河	店子乡张家石河村西南约50米	1.2	不详	龙山	莒县文物志
	132	东穆家庄子	店子乡东穆家庄子村东约20米	9	不详	龙山	莒县文物志
	133	李家城子村西	店子乡李家城子村西600米	9	不详	龙山	莒县文物志
	134	大宋家村	店子乡大宋家村西约100米	2.25	0.8	龙山	莒县文物志
	135	后果庄	果庄乡后果庄村西北约200米	3	1.2	龙山	莒县文物志
	136	曹河	果庄乡曹河村西100米	9	不详	龙山	莒县文物志
	137	苇园	果庄乡苇园村西南700米	0.7	不详	龙山	莒县文物志
	138	仕阳	招贤镇小仕阳村东南200米	6	2	龙山	莒县文物志
	139	大铺	招贤镇大铺村南100米	6	不详	龙山	莒县文物志
	140	马家店子	招贤镇马家店子村北50米	9	不详	龙山	莒县文物志
	141	西黄埠	招贤镇西黄埠村南300米	2.25	不详	龙山	莒县文物志
	142	八果庄子	八果庄子村西南约50米	6	1.4	龙山	莒县文物志
	143	塘子	城阳镇塘子村东300米	15	1.2	龙山	莒县文物志
	144	魏家村	城阳镇魏家村东南约100米	4	1.5	龙山	莒县文物志
	145	慕家庄子	城阳镇慕家庄子村北50米	6	不详	龙山	莒县文物志
	146	桃园村东	城阳镇桃园村东50米	5	不详	龙山	莒县文物志
	147	潘家屯	城阳镇潘家屯村北20米	2.25	不详	龙山	莒县文物志
	148	马庄	城阳镇马庄村北20米	5	不详	龙山	莒县文物志
	149	大庄坡	碁山乡大庄坡村西南1000米	2.5	不详	龙山	莒县文物志
	150	三庄	碁山乡三庄村东南500米	6	不详	龙山	莒县文物志
	151	段家河	龙山镇段家河村西北20米	80	2	龙山	莒县文物志
	152	薄板台	龙山镇薄板台村南50米	12	不详	龙山	莒县文物志
	153	褚家王标	龙山镇褚家王标村东南100米	3.75	不详	龙山	莒县文物志
	154	褚家王标村南	龙山镇褚家王标村南50米	1.8	不详	龙山	莒县文物志
	155	石龙口	龙山镇石龙口村南500米	4	不详	龙山	莒县文物志
	156	任家口	龙山镇任家口村西100米	9	不详	龙山	莒县文物志
	157	西涝坡西南	龙山镇西涝坡村西南50米	2.25	不详	龙山	莒县文物志

所在县市	序号	遗址名称	位置	面积	文化层厚度	延续时代	资料出处
莒县	158	东楼	龙山镇东楼村南 1000 米	6	不详	龙山	莒县文物志
	159	卢峪河	龙山镇卢峪河村北 50 米	1	不详	龙山	莒县文物志
	160	王标东村	寨里河乡王标东村西 100 米	3.75	不详	龙山	莒县文物志
	161	东莞村	东莞镇东莞村西约 100 米	2	1	龙山	莒县文物志
	162	大沈刘庄	东莞镇大沈刘庄村南 50 米	4	不详	龙山	莒县文物志
	163	前花泉沟	东莞镇前花泉沟村东南 500 米	1	不详	龙山	莒县文物志
	164	孟家洼	东莞镇孟家洼村东北 200 米	6	不详	龙山	莒县文物志
	165	西河崖	东莞镇西河崖村北 100 米	3	不详	龙山	莒县文物志
	166	庞家垛庄	小店镇庞家垛庄村南 50 米	6	不详	龙山	莒县文物志
	167	万子	小店镇万子村南约 200 米	6	不详	龙山	莒县文物志
	168	坪子	小店镇坪子村北 100 米	4	不详	龙山	莒县文物志
	169	官路	小店镇官路村西约 50 米	6	不详	龙山	莒县文物志
	170	王家垛庄	小店镇王家垛庄村北	3	不详	龙山	莒县文物志
	171	西心河	小店镇西心河村西北 500 米	7	不详	龙山	莒县文物志
	172	盛家垛庄	小店镇盛家垛庄村东南 50 米	4	不详	龙山	莒县文物志
	173	夏庄	夏庄镇医院后 10 米	3.6	不详	龙山	莒县文物志
	174	大略疃	夏庄镇大略疃村东南 10 米	2	不详	龙山	莒县文物志
	175	小苗蒋	夏庄镇小苗蒋村南 100 米	2.25	不详	龙山	莒县文物志
	176	梁家崖头	峤山镇梁家崖头村南 200 米	6	不详	龙山	莒县文物志
	177	高家崮山	峤山镇高家崮山村北 20 米	4	不详	龙山	莒县文物志
	178	前店	峤山镇前店村西 150 米	3	不详	龙山	莒县文物志
	179	后店	峤山镇后店村西 300 米	6	不详	龙山	莒县文物志
	180	牛家庄	峤山镇牛家庄村北 100 米	4	不详	龙山	莒县文物志
	181	荆家洪沟	峤山镇荆家洪沟村北 200 米	2.25	不详	龙山	莒县文物志
	182	集后	中楼镇集后村西南 50 米	4	不详	龙山	莒县文物志
	183	马髻窑河西	中楼镇马髻窑河西村北 50 米	4	不详	龙山	莒县文物志
	184	马家西楼	中楼镇马家西楼村北 50 米	4	不详	龙山	莒县文物志
	185	大马家峪	安庄乡大马家峪村南 500 米	1.5	不详	龙山	莒县文物志

所在县市	序号	遗址名称	位置	面积	文化层厚度	延续时代	资料出处
莒县	186	坪上	安庄乡坪上村南20米	1.5	不详	龙山	莒县文物志
	187	西苑庄	桑园乡西苑庄村北50米	4	不详	龙山	莒县文物志
	188	韩家官庄	阎庄镇韩家官庄村北100米	2.25	不详	龙山	莒县文物志
	189	西李家楼	刘家官庄镇西李家楼村西北100米	2	不详	龙山	莒县文物志
	190	鄩家泥沟	洛河乡鄩家泥沟村东100米	1	不详	龙山	莒县文物志
	191	章庄	洛河乡章庄村北50米	2.25	不详	龙山	莒县文物志
	192	库山	库山乡库山村东北10米	4	不详	龙山	莒县文物志
	193	李家村	长岭乡李家村南50米	1.25	不详	龙山	莒县文物志
	194	钱家屯	莒国故城西北角钱家屯	7.5	1.2	龙山	莒县文物志

大汶口文化遗址包括：位于莒城东南 10 公里的陵阳河遗址以墓葬为主，其发掘对于研究我国文字起源、酿酒技术、针灸医术、军事集权等具有重要意义，为探寻我国私有制的产生、文明起源、氏族社会等提供了宝贵财富；位于莒城东南 25 公里的陡崖遗址出土的遗物以生活器具为主，如石铲、陶罐、大口樽等，且遗址面积较大，保存较好，内涵丰富；位于莒城东 8 公里的大朱家村遗址，该遗址以墓葬为主，随葬品主要以陶器为主，分为夹砂和泥质两大类，墓葬中随葬品有多寡悬殊之别；位于莒城东南 7.5 公里的杭头遗址以墓葬为主，且墓葬均为单人葬，陶器以泥质黑陶为主，该遗址中的文化内涵包括了大汶口文化、龙山文化、周代、战国、汉代等文化遗存，尤其以出土的大口樽及其上面刻画的图像文字最为珍贵；位于莒城东店子乡朱家村西 20 米的小朱家村遗址主要遗物有石铲、石凿、陶片等，与大朱家村遗址的文化面貌极为相似，且面积较大，保存较好，文化内涵丰富；位于莒城东店子乡南 100 米、乡卫生院西高地上的张家围子遗址曾出土不同时代的陶片和器物，从遗址的断层和采集遗物分析，属大汶口文化中晚期遗存，同时还有龙山文化陶片和

西周器物；位于莒城西北约 30 公里的后果庄遗址发掘器物和陶片较多，有石纺轮、石磨棒头、石凿、石珠和黑陶觚形器、陶匹残片、罐口沿、鬶柄等，遗址内涵丰富且延续时间较长；位于莒城东南 25 公里的杨家崮西遗址出土器物有石环、石珠、绿松石饰品等，还有泥质灰陶豆、夹砂红陶扁凿形鼎足等；位于莒城东 25 公里龙山镇西北周家庄村南 500 米处周家庄遗址，出土物品有石铲、石斧、石凿和陶罐等，还发现一处残墓，出土有红陶高柄杯、红陶鼎、背壶、蚕、豆等器物，这些出土器物与陵阳河遗址早期器物相似，抑或更早；位于莒城北 25 公里招贤镇小仕阳村东南 200 米处的仕阳遗址，出土大量器物，有罕见的玉铲、石铲，有石斧、砭石、石扳指、石纺轮，夹砂红陶的有鼎、罐、鬶、黑陶单耳杯、三足杯，1959 年还采集到一件刻画图像文字的大口樽（"文革"时遗失），除此之外还有商周时代遗物，该遗址延续时间较长，但因修水库而破坏严重；位于莒城南 20 公里小店镇公家庄村南 50 米处的公家庄遗址曾出土石铲、灰陶罐、夹砂红陶鼎足等，石铲呈梯形，双面钻孔，鼎足为扁凿形；位于莒城东南 30 公里中楼镇孙由村南约 300 米处的孙由遗址曾出土夹砂红陶尖足，呈椭圆形，近腹处有一鹅头状凸起的鼎足和夹砂红陶，较粗糙，呈圆形，实足的鬶足，同时还有罐口沿和石凿、石铲等器物的发现；位于莒城东 8 公里店子乡李家城子村东南约 100 米处的李家城子村东遗址曾发掘青绿色石铲，还出土了夹砂红陶扁凿足鼎、泥质黑陶三角纹镂孔豆、夹砂灰陶三角纹镂孔豆、夹砂红陶磨光施红陶衣罐、夹砂褐陶残羊乳形鬶足等器物；位于莒城西北 3 公里八里庄子村西南约 50 米处的八里庄子遗址采集标本有夹砂红陶扁凿形鼎足，夹砂红褐陶鸡冠纽和鬼脸鼎足，夹砂白陶鬶足，泥质黑陶残豆，夹砂黑陶罐，夹砂红褐陶残瓶下部，泥质黑陶滚压纹篝形器残片，同时还有大量商周时代陶片出土；位于莒城西南 30 公里小店镇古迹崖村南约 100 米处古迹崖遗址曾采集到厚胎黑陶泥质和夹砂高柄杯，夹砂褐陶扁凿形鼎足，泥质黑陶豆柄，盆口沿等；位于莒城西南 30 公里小店镇前李家官庄村西 200 米处的前李家官庄遗址采集到夹砂红陶扁凿形鼎足、石纺轮、双孔石刀、夹砂白陶鬶口沿等，并兼有周、汉时代的陶片；位于莒城东北 5 公里处城阳镇魏家村东南约 100 米处的魏家村遗址曾采集到夹砂褐陶扁凿形鼎足、夹砂红褐陶鸡冠纽鼎足、泥质灰陶罐口沿、夹砂灰陶罐底等；位于莒城东南陵阳乡孙家葛湖村西 600 米的孙家葛湖遗址曾出土石铲、背壶、无鼻壶、泥质褐陶、高颈、圆鼓腹、素面，同时还出土了夹砂红陶扁凿形鼎足；位于莒城东南 10 公里陵阳乡西山河村西 300 米处的西山河遗址曾出土剖面为三角形的夹砂红陶鼎足，夹砂篮纹大口樽残片，泥质黑陶罐、石铲、石凿等。除此之外，还有其他大汶口文化遗址，在《莒县文物志》中亦有记载。

其他大汶口文化遗址表 [16]

编号	名称	地点方位	出土遗物	面积
1	张家葛湖遗址	陵阳乡张家葛湖村西 1500 米	夹砂白陶鬶柄、夹砂灰陶鼎足、泥质褐陶罐	6 万
2	项家官庄遗址	陵阳乡项家官庄村东南 500 米	夹砂红陶鼎足、泥质黑陶灌口沿	1.5 万
3	沈家村遗址	城阳镇沈家村东 50 米	夹砂红陶鼎足、泥质黑陶灌口沿	6 万
4	大宋家村遗址	店子乡大宋家村西 200 米	夹砂红陶鼎足、泥质黑陶灌口沿、器物残片	3 万
5	东沟头遗址	店子乡东沟头村东 100 米	夹砂褐陶鬶肩、泥质黑陶器物底、器物盖	1.2 万
6	略庄遗址	庄子乡略庄村 100 米	夹砂褐陶扁凿形鼎足、泥质黑陶盆口沿	9 万
7	前牛店遗址	寨里河乡前牛店村西南 300 米	夹砂红陶扁凿形鼎足	9 万
8	小窑遗址	寨里河乡小窑村东 100 米	夹砂红陶扁凿形鼎足、泥质黑陶残口沿	5 万
9	王标大前村遗址	寨里河乡王标大前村西 10 米	石斧、石凿	2 万
10	春报沟遗址	寨里河乡春报沟村西 200 米	夹砂红陶罐残片、泥质灰陶器物片	3.75 万

16. 苏兆庆、夏兆礼、刘云涛编著：《莒县文物志》，齐鲁书社，1993 年，第 55 页。

图 2-4-9 龙山鬼脸鼎足

图 2-4-10 白陶鬶，笔者于鲁东南薛家窑周边采集

图 2-4-11 大汶口白陶鬶，笔者于鲁东南薛家窑周边采集

编号	名称	地点方位	出土遗物	面积
11	刘家苗蒋遗址	夏庄镇刘家苗蒋村东南 50 米	夹砂白陶鬶柄、夹砂红陶鼎足、石铲	1.5 万
12	玄武庵遗址	东莞镇玄武庵村东 20 米	泥质黑陶灌口沿、灰褐陶灌口沿等	2 万
13	河峪遗址	中楼镇河峪村东北 100 米	泥质黑陶盆口沿、泥质黑陶灌口沿、石凿	4 万
14	前下庄遗址	长岭乡前下庄村西南 50 米	夹砂红陶扁凿形鼎足、夹砂黑陶灌口沿、石凿	3 万
15	北台子遗址	长岭乡葛家洙流村北台子	夹砂灰陶灌口沿、残石铲	5 万
16	前集遗址	峤山镇前集村西 200 米	夹砂黑陶器物陶片、石铲	5 万
17	南楼遗址	龙山镇南楼村西北 100 米	夹砂红陶扁凿形鼎足、夹砂黑陶器物片	4 万
18	西涝坡村东南遗址	龙山镇西涝坡村东南 200 米	夹砂褐陶鼎足、灌口沿、刮削器	3 万
19	官家林村遗址	安庄乡官家林村西南十米	夹砂红陶扁凿形鼎足、夹砂黑陶器物口沿	1.5 万
20	寨遗址	桑园乡寨村西约 50 米	夹砂红陶鼎足、泥质黑陶灌口沿、石铲	4 万
21	徐家村遗址	大石头乡徐家村东约 50 米	夹砂红陶扁凿形鼎足等	3.75 万
22	三角山遗址	桑园乡三角山村南 20 米	石斧、石凿	1.5 万
23	桑庄遗址	桑园乡桑庄村北 100 米	石纺轮、石斧	6.25 万

龙山文化遗址包括：位于莒城东 25 公里处的龙山镇段家河村西北 20 米处的段家河遗址，采集到标本有夹砂灰褐陶鬼脸鼎足、夹砂红褐陶鸡冠纽鼎足、夹砂黑陶罐口沿、残鬶足、残刮削器、夹砂黑陶器物盖等；位于莒城东北 60 公里的东莞镇东莞村南约 100 米处的季家林遗址，曾出土单面刃石刀、夹砂灰陶鬼脸鼎足（图 2-4-9）、夹砂黑陶罐、夹砂黑陶盆、夹砂黑陶器物盖，并兼有残"船"形器等。除此之外在《莒县文物志》中还记载了其他龙山文化遗址（图 2-4-10、图 2-4-11）。

其他龙山文化遗址表 [17]

编号	名称	地点方位	出土遗物	面积（平方米）
1	集西头遗址	陵阳乡集西头村北 30 米	泥质黑陶残豆、夹砂红白陶残鬶、石铲、夹砂黑陶残片	3 万
2	店子集遗址	店子乡店子集村北 20 米	夹砂红陶鬶足、夹砂黑陶罐口沿、磨盘	2 万
3	后西庄遗址	店子乡后西庄村北约 50 米	夹砂红陶鬼脸鼎足、泥质黑陶盆口沿	1 万
4	张家石河遗址	店子乡张家石河村西南约 50 米	夹砂红褐陶鬼脸鼎足、石斧	1.2 万

17. 苏兆庆、夏兆礼、刘云涛编著：《莒县文物志》，齐鲁书社，1993 年，第 58 页。

编号	名称	地点方位	出土遗物	面积（平方米）
5	东穆家庄子遗址	店子乡东穆家庄子村东约20米	夹砂黑陶器物盖、夹砂黑陶残口沿	9万
6	李家城子村西遗址	店子乡李家城子村西600米	夹砂黑陶鬼脸鼎足、残石铲、石刀等	9万
7	慕家庄子遗址	城阳镇慕家庄子北50米	夹砂红褐陶鸡冠纽鼎足、夹砂黑陶器物盖	6万
8	桃园村东遗址	城阳镇桃园村东50米	夹砂黑陶桃器物口沿、夹砂黑陶器物片	5万
9	潘家屯遗址	城阳镇潘家屯北20米	泥质黑陶盆口沿、夹砂褐陶鸡冠纽鼎足	2.25万
10	马庄遗址	城阳镇马庄村北20米	夹砂褐陶鸡冠纽鼎足、夹砂褐陶甗足	5万
11	大铺遗址	招贤镇大铺村南100米	夹砂褐陶鬼脸鼎足、夹砂黑陶残器盖等	6万
12	马家店子遗址	招贤镇马家店子村北50米	夹砂红陶鬶足、夹砂灰陶器物残片	9万
13	西黄埠遗址	招贤镇西黄埠村300米	夹砂红陶鬶足、夹砂黑陶罐底、夹砂灰陶豆	2.25万
14	大庄坡遗址	碁山乡大庄坡村西南1000米	夹砂黑陶器物口沿、鸡冠纽鼎足等	2.5万
15	三庄遗址	碁山乡三庄村东南500米	夹砂褐陶鼎足、夹砂红陶鬶足等	6万
16	庞家埠遗址	庞家埠庄村南50米	夹砂黑陶器物盖、器物残陶片等	6万
17	万子遗址	小店万子村南约200米	夹砂黑陶鬼脸鼎足、夹砂黑陶器物盖	6万
18	坪子遗址	小店镇坪子村北100米	夹砂黑陶罐、夹砂黑陶盆口沿	4万
19	官路遗址	小店镇官路村西约50米	泥质黑陶罐底、泥质黑陶残口沿	6万
20	王家埠庄遗址	小店镇王家埠庄村北	夹砂红陶鬶、石斧等	3万
21	西心河遗址	小店镇西河心村西北	夹砂灰陶豆、泥质黑陶豆柄、夹砂灰陶鼎足	7万
22	盛家埠庄遗址	小店镇盛家埠东南50米	夹砂灰褐陶鸡冠纽鼎足、石凿等	4万
23	薄板台遗址	龙山镇薄板台村南50米	夹砂红褐陶鬼脸鼎足、夹砂黑陶盆	12万
24	褚家王标遗址	龙山镇褚家王标村东南100米	夹砂褐陶罐底、夹砂黑陶器物口沿等	3.75万
25	石龙口遗址	龙山镇石龙口村南500米	夹砂褐陶罐口沿、黑陶残片等	4万
26	任家口遗址	龙山镇任家口村西南100米	夹砂红褐陶鬼脸鼎足、夹砂红陶鼎足	9万
27	褚家王标南遗址	龙山镇褚家王标南50米	夹砂褐陶鼎足、器物口沿、刮削器	1.8万
28	西涝坡西南遗址	龙山镇西涝坡村西南50米	夹砂黑陶器物纽、器物口沿、残石器	2.25万
29	东楼遗址	龙山镇东楼村南1000米	夹砂红陶鼎足、夹砂黑陶器物口沿	6万
30	卢峪河遗址	龙山镇卢峪河村北50米	石斧、残石器等	1万
31	王标东村遗址	寨里河乡王标东村西100米	夹砂黑陶罐底、泥质黑陶器物底等	3.75万
32	夏庄遗址	夏庄镇医院后10米	夹砂红褐陶鸡冠纽鼎足、夹砂黑陶甗口沿	3.6万
33	大略疃村南10米	夏庄镇大略疃村东南10米	夹砂红褐陶鸡冠纽鼎足、夹砂红陶鬶柄	2万

编号	名称	地点方位	出土遗物	面积（平方米）
34	小苗蒋遗址	夏庄镇小苗蒋村南 100 米	夹砂红陶鬶柄、夹砂黑陶器物底	2.25 万
35	梁家崖头遗址	峤山镇梁家崖头村南 200 米	夹砂红陶鬶足、夹砂黑陶罐口沿等	6 万
36	高家崗山遗址	峤山镇高家崗山村北 20 米	夹砂红陶鬶足、黑陶豆柄、红陶鼎足	4 万
37	前店遗址	峤山镇前店村南 150 米	夹砂红陶鸡冠纽鼎足、黑陶鬶足、碗等	3 万
38	后店遗址	峤山镇后店村西 300 米	夹砂黑陶罐口沿等	6 万
39	牛家庄遗址	峤山镇牛家庄村东 100 米	夹砂红陶鼎足、鸡冠纽鼎足、残口沿	4 万
40	荆家洪沟遗址	峤山镇荆家洪沟村北 200 米	夹砂红陶鼎足、黑陶盆口沿、罐口沿	2.25 万
41	集后遗址	中楼镇集后村西南 50 米	夹砂红陶鸡冠纽鼎足、石凿等	4 万
42	马髻窑河西遗址	中楼镇马髻窑河西村北 50 米	夹砂灰陶器物盖、泥质灰陶盉	4 万
43	马家西楼遗址	中楼镇马家西楼村北 50 米	夹砂灰陶器物柄、泥质黑陶器物底	4 万
44	大马家峪遗址	安庄乡大马家峪村南 500 米	夹砂红陶鬼脸鼎足、石网坠、鬶足等	1.5 万
45	坪上遗址	安庄乡坪上村南 20 米	夹砂褐陶鼎足、灰陶盆口沿、残石器	1.5 万
46	大沈刘庄遗址	东莞镇前大沈刘庄村南 50 米	夹砂红褐陶鼎足、泥质黑陶豆盘等	4 万
47	前花泉沟遗址	东莞镇前花泉沟村东南 500 米	夹砂黑陶罐口沿、夹砂灰陶器物残片	1 万
48	孟家洼遗址	东莞镇孟家洼村东北 200 米	夹砂红褐陶鼎足、红陶鬶足	6 万
49	西河崖遗址	东莞镇西河崖村北 100 米	夹砂褐陶鬼脸鼎足、黑陶器物口沿	3 万
50	西苑庄遗址	桑园乡西苑庄村北 50 米	夹砂黑陶罐底、器物口沿等	4 万
51	曹河遗址	果庄乡曹河村西 100 米	夹砂黑陶鼎足、口沿、残片等	9 万
52	苇园遗址	果庄乡苇园村西南 700 米	夹砂黑陶罐口沿、夹砂红陶鼎足、鬶足	7000
53	韩家官庄遗址	阎庄镇韩家官庄村北 100 米	夹砂褐陶鼎足、鬶足等	2.25 万
54	西李家楼遗址	刘家官庄镇西李家楼村北 100 米	夹砂红陶鸡冠纽鼎足、罐口沿	2 万
55	段家泥沟遗址	洛河段家泥沟村东 100 米	夹砂灰陶罐口沿、夹砂红陶鸡冠纽鼎足	1 万
56	章庄遗址	洛河乡章庄村北 50 米	夹砂红陶鼎足、石簇等	2.25 万
57	库山遗址	库山乡库山村东北 10 米	夹砂红褐陶鼎足、红陶鬶、石斧、石臼	4 万
58	李家村遗址	长岭乡李家村南 50 米	泥质黑陶豆盘、夹砂褐陶器物残片	1.25 万

　　岳石文化遗址包括：位于莒城东北 3 公里处的城阳镇塘子村东 300 米处的塘子遗址，曾出土豆 6 件，泥质灰陶浅盘，喇叭形圈足，有一件豆柄饰三角形镂孔，盘内饰凸弦纹；篦

形器 1 件，泥质灰陶，子母口，器身饰凸弦纹；罐 1 件，为夹砂灰陶，素面，无论从器物造型还陶质、陶色上分析，在莒县尚属首次发现。位于莒城北约 35 公里，天宝乡上峪村南 1.5 公里处的上峪遗址曾出土石铲，夹砂红陶鼎足，夹砂红陶和泥质灰陶罐口沿，泥质黑陶豆盘和鬲足等。

商代文化遗址包括：位于莒城西北 10 公里处二十里堡乡栗林村东 20 米处的栗林遗址，曾在此发现大量陶片和一完整粗绳纹陶鬲；位于莒城东 15 公里处龙山镇大塘坊村西 200 米处的大塘坊遗址曾发现大量草木灰和陶片；位于莒城北 60 公里处东莞镇庄家山村南 50 米处的庄家山遗址曾采集到夹砂灰陶罐口沿、夹砂褐陶绳纹鬲足、鬲口沿等；位于莒城东南 25 公里处小店镇后横山村东的后横山遗址曾采集到残石刀、泥质灰陶豆柄、豆盘、夹砂红褐陶罐口沿、鬲足等。

周代文化遗址包括：位于莒国故城西北角钱家屯遗址曾出土夹砂灰陶绳纹瘪裆鬲、陶簋、陶罐、铜剑等，同时从几个龙山文化灰坑中出土了陶甗、豆、盆等器物；位于莒城南 30 公里的小店镇卢家孟堰村南 300 米出的卢家孟堰遗址曾出土陶鼎、鬲、豆等器物，在此地还采集到一件直耳、蹄足饰重环纹的铜鼎；位于莒城北 15 公里的洛河乡罗米庄村北 500 米处的罗米庄遗址曾采集到泥质灰陶绳纹鬲足、罐口沿等；位于莒故城东北 4 公里处的城阳镇刘家村南 200 米的刘家村遗址曾出土泥质灰陶罐口沿，夹砂灰陶绳纹鬲足，据群众讲还曾出土过布币等；位于莒城东南 25 公里的龙山镇王家山村东南 300 米处的王家山遗址曾出土夹砂灰陶鬲足，央砂黑陶罐口沿和盆口沿等，饰附加堆纹和绳纹，1956 年还出土了铜鼎 1 件。除此之外还有其他周代文化遗址。

其他周代文化遗址表[18]

编号	名称	地点方位	出土遗物	面积（平方米）
1	三角汪村西遗址	城阳镇三角汪村西50米	泥质灰陶罐口沿等	5万
2	大果街村西遗址	城阳镇大果街村西肉联厂院内	泥质褐陶绳纹楼肩鬲、罐口沿等	6万
3	孙家村遗址	城阳镇孙家村西北500米	泥质灰陶器物残片等	1.2万
4	土门首村西南遗址	城阳镇土门首村西南100米	夹砂褐陶鬲足、泥质灰陶盆口沿、残豆盘	1万
5	南关大碑根遗址	城阳镇南关村南700米	泥质灰陶盆口沿、绳纹板瓦、泥质褐陶豆柄	1万
6	刘家菜园村西南遗址	城阳镇刘家菜园村西南50米	泥质灰陶豆柄、泥质灰陶豆盘	6万
7	南场遗址	城阳镇南场村北10米	泥质灰陶盆口沿、罐口沿	6万
8	姚王崖遗址	城阳镇姚家村南50米	泥质灰陶绳纹器物残陶片	6万
9	坝上村西北遗址	城阳镇坝上村西北柳清河	泥质灰陶器物口沿、泥质灰陶板瓦	6万
10	陈家庄子村遗址	城阳镇陈家庄子村东20米	泥质灰陶卷云纹半瓦当、豆口沿	5万
11	土门首村西遗址	城阳镇土门首村西交通监理站内	夹砂灰陶罐口沿等	3万
12	毛家官庄遗址	城阳镇毛家官村西10米	夹砂灰陶罐、泥质灰陶豆等	2万
13	八里村庄子村东北遗址	城阳镇八里庄子村东北50米	夹砂褐陶绳纹鬲足、泥质灰陶残豆盘等	7.5
14	坝上村东遗址	城阳镇坝上村东100米	泥质灰陶筒瓦、绳纹器物陶片	3万
15	韩家菜园村东北遗址	城阳镇韩家菜园村东北100米	泥质灰陶豆口沿、豆柄、罐口沿	5万
16	沈家村西北遗址	城阳镇沈家村西北20米	泥质灰陶器物残口沿、绳纹板瓦等	6万
17	松林寺遗址	城阳镇桃源村北500米	泥质灰陶器物残片等	3万
18	东陈家楼村南遗址	城阳镇东陈家楼村南50米	泥质灰陶绳纹罐口沿、罐底等	4万
19	大湖遗址	城阳镇大湖村北20米	泥质灰陶豆柄、豆盘、罐口沿	2万
20	丰家村遗址	城阳镇丰家村北10米	泥质灰陶绳纹鬲足、罐口沿	3万
21	马庄村东北遗址	城阳镇马庄村东北50米	夹砂灰陶罐口沿、夹砂褐陶鬲足、板瓦	6万
22	小湖村西遗址	城阳镇小湖村西北100米	泥质灰陶罐口沿等	1万
23	赵家屯遗址	城阳镇赵家屯村南200米	泥质灰陶绳纹鬲足、残陶等	2万
24	董家屯遗址	城阳镇董家屯村南50米	泥质灰陶盆口沿、半瓦当	3.75万
25	泥沟子村西南遗址	龙山镇泥沟子村西南20米	泥质灰陶管、器物残片等	4万
26	崔家官庄遗址	龙山镇崔家官庄村	夹砂灰陶鬲足、器物口沿	1万
27	石龙口遗址	龙山镇石龙口村西南200米	夹砂灰陶绳纹鬲足、泥质灰陶豆柄、罐口沿	2万
28	新旺遗址	龙山镇新旺村东500米	夹砂灰陶盆口沿等	2.25万
29	于家店子遗址	龙山镇于家店子村东1000米	泥质褐陶豆柄、豆盘、夹砂褐陶鬲足	4万
30	西涝坡村东南遗址	龙山镇西涝坡村东南50米	泥质灰陶盆口沿、豆柄、夹砂灰陶罐口沿等	2.25万

18. 苏兆庆、夏兆礼、刘云涛编著：《莒县文物志》，齐鲁书社，1993年，第69页。

编号	名称	地点方位	出土遗物	面积（平方米）
31	纪家店子水库遗址	龙山镇纪家店子村西北700米	泥质灰陶罐口沿等	6万
32	高疃遗址	龙山镇高疃村北50米	泥质灰陶罐口沿、盆口沿	1.25万
33	柏崖遗址	龙山镇柏崖村东南1000米	泥质灰陶豆柄、夹砂灰陶器物残片	6万
34	后寨村东北遗址	龙山镇后寨村东北100米	夹砂灰陶罐口沿、豆盘	4万
35	范家庄小水库遗址	龙山镇范家庄村东500米	泥质灰陶罐口沿、豆盘	3万
36	前横山遗址	小店镇前横山村北300米	夹砂灰陶罐口沿	1万
37	殷家孟堰遗址	小店镇殷家孟堰村西100米	泥质灰陶绳纹鬲、绳纹罍	1.2万
38	殷家孟堰村南遗址	小店镇殷家孟堰村南50米	夹砂灰陶绳纹鬲、泥质灰陶弦纹罍	4万
39	耿家庄子遗址	小店镇耿家庄子村	夹砂灰陶盆、夹砂灰陶器物残片	6.25万
40	吕家崮西遗址	小店镇吕家崮西村西南150米	泥质灰陶板瓦、器物残片	1.5万
41	大陈家孟堰遗址	小店镇大陈家孟堰村北100米	泥质灰陶器物口沿等	4万
42	公家庄村西遗址	小店镇公家庄村西100米	泥质灰陶罐口沿、夹砂灰陶盆口沿	1万
43	严家崮西村遗址	小店镇严家崮西村西50米	泥质灰陶罐口沿等	4万
44	河南村遗址	小店镇河南村西北30米	夹砂红褐陶鬲足、黄褐陶罐口沿、豆盘	5万
45	南官庄村遗址	小店镇南官庄村200米	泥质灰褐陶卷云纹半瓦当等	4万
46	金墩村遗址	小店镇金墩村西北1500米	夹砂红褐陶鬲口沿、泥质灰陶罐口沿	4万
47	下石城斜子地遗址	库山乡下石城村南10米	夹砂红褐陶绳纹鬲足、鬲口沿等	9万
48	齐家沟遗址	库山乡齐家沟村南100米	泥质灰陶罐口沿等	2万
49	孙家路西遗址	库山乡孙家路村北50米	泥质灰陶豆柄、器物口沿	1万
50	源河遗址	库山乡源河村北300米	泥质灰陶绳纹器物残片等	1万
51	公婆山遗址	刘家官庄镇公婆山村北	夹砂红褐陶鬲足	3万
52	陈家屯遗址	刘家官庄镇陈家屯村东150米	泥质灰陶豆、弦纹罍	1.2万
53	侯家庄村遗址	刘家官庄镇侯家庄村北700米	泥质灰陶罐口沿等	5万
54	黄家宅遗址	刘家官庄镇黄家宅村西南150米	泥质灰陶盆口沿、罐口沿	2.25万
55	高家庄遗址	刘家官庄镇高家庄村东200米	泥质灰陶罐口沿等	3万
56	李家泉头遗址	刘家官庄镇李家泉头村西南50米	泥质灰陶罐口沿、板瓦等	1.5万
57	东营墩子遗址	刘家官庄镇东营墩子村东	泥质灰陶器物柄、夹砂灰陶罐口沿	2万
58	西旺疃遗址	刘家官庄镇西旺疃村西南400米	泥质灰陶豆柄、罐口沿、盆口沿	5万
59	后河崖遗址	刘家官庄镇东旺疃村东北50米	泥质灰陶罐口沿等	3万

编号	名称	地点方位	出土遗物	面积（平方米）
60	前石屯村西南遗址	刘家官庄镇前石屯村西南 10 米	夹砂灰陶绳纹鬲足、泥质灰陶豆盘、器物片	6 万
61	河南遗址	大石头乡河南村东南 250 米	泥质灰陶豆柄、夹砂灰陶盆口沿	2.25 万
62	房村遗址	大石头乡房村南 250 米	泥质灰陶盆口沿、豆盘、罐口沿	2 万
63	于家庄遗址	大石头乡于家村南 50 米	泥质灰陶器物残口沿等	1.25 万
64	朱家庙子遗址	大石头乡朱家庙子村东北 50 米	夹砂红陶绳纹鬲足、灰陶罐肩、豆盘、口沿	7.5 万
65	刘家庄遗址	大石头乡刘家庄村西 10 米	泥质灰陶罐口沿、夹砂灰陶器物底	1 万
66	左家沟遗址	安庄乡左家沟村西 300 米	夹砂灰陶鬲足、夹砂灰陶器物柄	4 万
67	北楼子遗址	安庄乡北楼子村北 100 米	泥质灰陶绳纹鬶等	1 万
68	前吴遗址	安庄乡前吴村南 20 米	泥质灰陶绳纹筒瓦、夹砂灰陶罐口沿	1 万
69	安家洼村南遗址	安庄乡安家洼村南 200 米	泥质灰陶豆柄等	4 万
70	陈家西楼遗址	中楼镇陈家西楼村西北	泥质褐陶豆柄、器物残片等	1.2 万
71	河峪村东北遗址	中楼镇河峪村东北 50 米	泥质灰陶绳纹板瓦等	4 万
72	后姚埠遗址	中楼镇后姚埠村西 200 米	泥质灰陶半瓦当、罐口夹砂灰陶盆口沿	3 万
73	马家西楼村东南遗址	中楼马家西楼村东南 100 米	夹砂红陶鬲足、泥质灰陶罐口沿	4 万
74	马家峪子遗址	中楼镇马家峪子村西 300 米	夹砂灰褐陶罐口沿、泥质灰陶盆口沿	4 万
75	彭家峪遗址	中楼镇彭家峪村东北 600 米	泥质灰陶罐口沿	1.5 万
76	崔家峪遗址	中楼镇崔家峪村西 50 米	泥质灰陶罐口沿、夹砂灰陶器物底	3.2 万
77	于家沟村东遗址	中楼镇于家沟村东 500 米	夹砂红褐陶口沿、器物纽等	2 万
78	前店村南遗址	峤山镇前店村南 200 米	夹砂灰陶鬲足、泥质灰陶罐底	3 万
79	陈家阿疃遗址	峤山镇陈家阿疃村西南 50 米	泥质灰陶绳纹板瓦、泥质灰陶罐口沿	4.5 万
80	前店村东南遗址	峤山镇前店村东南 200 米	泥质灰陶器物口沿、板瓦口沿	2 万
81	郝家洪沟遗址	峤山镇郝家洪沟村东北 600 米	泥质灰陶盆口沿、板瓦	4 万
82	小牛家庄遗址	峤山镇小牛家庄村南 100 米	泥质灰陶豆盘、器物底、残板瓦	2 万
83	薛家朱里遗址	峤山镇薛家朱里村北 50 米	泥质灰陶板瓦、器物残口沿	6 万
84	张家阿疃遗址	峤山镇张家阿疃村西北 500 米	泥质灰陶罐口沿、盆口沿等	3.75 万
85	道沟遗址	峤山镇道沟村东南 200 米	夹砂红陶绳纹鬲足、器物底	4 万
86	陈家阿疃村西遗址	峤山镇陈家阿疃村西 50 米	泥质灰陶罐口沿、绳纹板瓦	4.5 万
87	前集村南遗址	峤山镇前集村南 200 米	夹砂灰陶器物残片等	1.5 万
88	后店遗址	峤山镇后店村北 100 米	夹砂灰陶罐、泥质灰陶豆柄	1 万

编号	名称	地点方位	出土遗物	面积（平方米）
89	何家村东南遗址	店子乡何家村东南 50 米	泥质灰陶弦纹罍	4 万
90	东沟头村东南遗址	店子乡东沟头村东南 100 米	泥质灰陶豆盘、豆柄、罐口沿	1 万
91	张家石河遗址	店子乡张家石河村南 500 米	泥质灰陶豆柄、豆盘、器物残片	7.5 万
92	王家坪村南遗址	店子乡王家坪村南 50 米	夹砂灰陶盆口沿、罐底等	4 万
93	刘家坪遗址	店子乡刘家坪村东北 50 米	泥质灰陶豆盘等	4 万
94	董家城子遗址	店子乡董家城子村东北 50 米	泥质灰陶盆口沿、褐陶板瓦、罐口沿	5 万
95	前西庄遗址	店子乡前西庄村西南 300 米	泥质灰陶器物口沿等	3 万
96	东穆家庄子村北遗址	店子乡东穆家庄子村北 3000 米	泥质灰陶盆口沿、夹砂灰陶盆口沿	9 万
97	纪家石河村南遗址	店子乡纪家石河村南 300 米	夹砂灰陶豆盘、豆柄、夹砂褐陶鬲足	1 万
98	王家坪村西北遗址	店子乡王家坪村西北 300 米	夹砂灰陶罐口沿、盆口沿	4 万
99	刘家疃遗址	陵阳乡刘家疃村东 100 米	泥质灰陶弦纹罍等	1 万
100	大寺遗址	陵阳乡大寺村西 10 米	泥质灰陶素面鬲	1.2 万
101	西山河村西遗址	陵阳乡西山河村西 100 米	夹砂灰陶罐口沿、泥质灰陶豆柄、豆盘	2.25 万
102	小燕北桄子遗址	陵阳乡朱家葛湖村西北 1000 米	泥质灰陶罐口沿等	5 万
103	袁家疃遗址	陵阳乡袁家疃村东约 50 米	泥质灰陶罐口沿、	4 万
104	杨家址坊遗址	陵阳乡杨家址坊村东北 50 米	泥质灰陶罐口沿、器物底、绳纹板瓦	4.5 万
105	金盆底遗址	陵阳乡东汪头村西南 100 米	夹砂灰陶器物口沿等	5 万
106	陈家河水遗址	陵阳乡陈家河水村东南 50 米	泥质灰陶盆口沿等	1 万
107	小埠提遗址	陵阳乡小埠提村南 50 米	泥质灰陶器物残片等	4 万
108	陵阳街遗址	陵阳乡陵阳街村南 20 米	泥质灰陶罐口沿、绳纹鬲足、豆盘	2 万
109	刘家庄村南遗址	东莞镇刘家庄村南 100 米	泥质灰陶豆盘、残陶片等	4 万
110	孟家洼遗址	东莞镇孟家洼村西 100 米	泥质灰陶罐口沿、绳纹板瓦	4 万
111	黄崖遗址	东莞镇黄崖村东 100 米	泥质灰陶残豆、豆盘等	3 万
112	袁家庄遗址	东莞镇袁家庄村西南 20 米	泥质灰陶盆口沿、罐口沿、豆盘	6 万
113	门楼村东遗址	东莞镇门楼村东 50 米	夹砂灰陶豆盘、泥质灰陶豆柄	4 万
114	前石崮遗址	东莞镇前石崮村北 300 米	泥质灰陶绳纹瓦、罐口沿	4 万
115	马家二十里遗址	二十里堡乡马家二十里村西南 200 米	泥质灰陶绳纹瓦、夹砂灰陶器物片	2 万
116	小庄子遗址	阎庄镇小庄子村北 200 米	泥质灰陶绳纹板瓦等	1 万
117	宋家桥遗址	阎庄镇宋家桥村东 50 米	夹细砂灰陶器物口沿等	4.5 万
118	小河遗址	阎庄镇小河村东 100 米	泥质灰陶绳纹板瓦等	1 万
119	建华村遗址	阎庄镇建华村东 100 米	泥质灰陶绳纹盆口沿等	2 万

编号	名称	地点方位	出土遗物	面积（平方米）
120	林家街村西北遗址	闾庄镇林家街村西北300米	夹砂红陶鬲足、泥质灰陶豆柄	9万
121	东王标遗址	寨里河乡东王标村西南100米	泥质灰褐陶罐口沿、器物残片	1万
122	春报沟遗址	寨里河乡春报沟村西北200米	泥质灰陶豆盘、泥质灰陶罐口沿	3万
123	龙尾村西遗址	寨里河乡龙尾村西100米	泥质灰陶罐口沿等	4万
124	寨里河村西遗址	寨里河乡寨里河村西100米	泥质灰陶豆盘、夹砂褐陶残片	1万
125	西梁遗址	寨里河乡老营村东南100米	铜鼎、铜甗、盘等	4万
126	上庄村东遗址	夏庄镇上庄村东20米	夹砂灰陶盆口沿、器物残片	4万
127	小窝疃遗址	夏庄镇小窝疃村北500米	夹砂灰陶盆口沿、罐口沿、缸口沿	4万
128	西黄花圈遗址	夏庄镇西黄花圈村北50米	泥质灰陶盆口沿、罐口沿等	1万
129	井岭子遗址	夏庄镇孙家石岭村东南400米	夹砂褐陶罐口沿、板瓦、绳纹器物残片	5万
130	北马坡遗址	夏庄镇北马坡村内	泥质灰陶豆柄等	9万
131	庞庄遗址	棋山乡庞庄村北500米	泥质灰陶豆等	1万
132	王家台子遗址	招贤镇王家台子村北250米	泥质灰陶盆口沿、泥质灰陶绳纹罐口沿	2万
133	孙家台子遗址	招贤镇孙家台子村西300米	泥质灰陶绳纹罐口沿、罐底等	4万
134	武家曲坊村南遗址	招贤镇武家曲坊村南50米	泥质灰陶罐口沿、灰陶盆口沿等	1万
135	后王家春生遗址	招贤镇后王家春生村东50米	夹砂灰陶罐口沿（带有铭文）泥质灰陶盆口沿	2万
136	马家店子村北遗址	招贤镇马家店子村北500米	夹砂灰陶卷云纹半瓦当等	1万
137	二村遗址	招贤镇二村南100米	泥质灰陶绳纹器物口沿、绳纹板瓦	4万
138	大铺遗址	招贤镇大铺村西50米	泥质灰陶盆口沿、罐口沿、半瓦当等	6万
139	姚家泉村西遗址	招贤镇姚家泉村西20米	泥质灰陶盆口沿、泥质灰陶绳纹板瓦	2万
140	车家曲坊遗址	招贤镇车家曲坊村西50米	泥质灰陶罐口沿等	2万
141	徐家春生村西南遗址	招贤镇徐家春生村西南200米	泥质灰陶罐口沿等	3万
142	北黄埠遗址	招贤镇北黄埠村南50米	泥质灰陶绳纹器物残片、残器物口沿	2万
143	小仕阳村西遗址	招贤镇小仕阳村西500米	泥质灰陶绳纹板瓦等	8万
144	程家庄村北遗址	招贤镇程家庄村北200米	泥质灰陶绳纹板瓦等	1万
145	鄢家泥沟遗址	洛河乡鄢家泥沟村东南200米	泥质灰陶弦纹器物残片等	2万
146	苏家官庄遗址	洛河乡苏家官庄村东300米	泥质灰陶罐、夹砂灰陶板瓦	2万
147	仇家官庄遗址	洛河乡仇家官庄村南200米	泥质灰陶罐、绳纹器物残片	1万
148	金华村遗址	洛河乡金华村东100米	泥质灰陶罐口沿	2万

编号	名称	地点方位	出土遗物	面积（平方米）
149	商家店子遗址	洛河乡商家店子村东100米	泥质灰陶弦纹罐底、罐口沿、绳纹板瓦	4万
150	段家泥沟遗址	洛河乡段家泥沟村南300米	泥质灰陶盆口沿、残板瓦等	1万
151	凰庄遗址	洛河乡凰庄村西50米	泥质灰陶盆口沿等	3万
152	小张宋遗址	洛河乡小张宋南20米	泥质灰陶盆口沿、板瓦等	1.5万
153	王家课庄遗址	长岭乡王家课庄村南1500米	夹砂灰陶器物口沿等	1万
154	上官庄遗址	长岭乡上官庄村西1000米	夹砂灰陶盆口沿等	1.25万
155	黄家洙流家前遗址	长岭乡黄家洙流家前50米	泥质灰陶罐口沿等	6万
156	腊行遗址	长岭乡腊行村北200米	泥质灰陶凸弦纹盆口沿、绳纹残瓦口沿	15万
157	李家村遗址	长岭乡李家村南200米	夹砂灰陶罐口沿、泥质灰陶豆盘	2.25万
158	葛家洙流遗址	长岭乡葛家洙流村内	泥质灰陶罐口沿、盆口沿	1万
159	杜家洙流遗址	长岭乡杜家洙流村西北300米	夹砂灰陶绳纹高足、绳纹板瓦等	3.75万
160	王家岭遗址	果庄乡王家岭村西400米	泥质灰陶绳纹板瓦等	3万
161	张家海坡遗址	果庄乡张家海坡村东10米	泥质褐陶盆口沿、夹砂灰褐陶罐口沿	1.5万
162	后梭庄遗址	果庄乡后梭庄村西100米	夹砂灰陶罐口沿、板瓦等	1.5万
163	上茶城遗址	果庄乡上茶城村东南100米	夹砂灰陶绳纹板瓦等	9万
164	大坋头遗址	墩头乡许家庄村南50米	泥质灰陶盆口沿等	4万
165	小许家庄遗址	墩头乡小许家庄村北10米	泥质灰陶罐口沿、盆口沿	5万
166	罗家庄遗址	墩头乡罗家庄村南50米	泥质灰陶罐口沿等	4万
167	田家店子遗址	浮来乡田家店子村南60米	夹砂红陶绳纹高足、罐口沿等	3万
168	楼台遗址	浮来乡卢家街村西1000米	泥质灰陶罐口沿、盆口沿	12万
169	田家念头遗址	浮来乡田家念头村北50米	泥质灰陶罐口沿等	3万
170	下村遗址	桑园乡下村南50米	泥质灰陶瓦片、夹砂灰陶器物残片	4万
171	梭庄遗址	桑园乡梭庄村北50米	泥质灰陶盆口沿等	2万
172	柏庄遗址	桑园乡柏庄村南100米	泥质灰陶盆口沿、罐口沿	3万
173	谭子岗遗址	桑园乡赵家谭子岗村南300米	夹砂灰陶绳纹高足、泥质灰陶器物残片	2.25万
174	庙岭遗址	桑园乡上疃村东100米	夹砂灰陶高足、泥质黄褐陶绳纹器物残片	9万
175	西杨家庄村西遗址	天宝乡西杨家庄村西100米	泥质灰陶盆口沿、罐口沿、豆盘	2.5万

制陶作坊遗址：位于二城西南部，今县造纸厂院内。范围较大，东西约 400 米，南北约 200 米，总面积为 8 万平方米。这是莒城制陶作坊遗址中规模最大、遗物最丰富的一处。地

遗址地表陶片较多，道路两边的断崖可见大量陶片，捡取标本有鬲足、豆盘、豆柄、盆沿等，据当地村民介绍，1978年平整土地时，曾在遗址北边的地里挖出过银元宝。

县级文物保护单位40余处，分别为：位于石莲子镇墩后村东和村东南的墩后遗址，1985年被莒南县人民政府公布为第二批县级文物保护单位，遗址上陶片丰富，采集有鸟喙形鼎足、鬲足、陶器口沿、石箭头、动物化石等，断崖上文化堆积密集，据采集标本特征分析，分属于大汶口、龙山、岳石文化以及春秋和汉代文化；位于莒南县十字路镇东王黄庄村南约50米处的东王黄庄遗址，2012年公布为县级文物保护单位，遗址上采集有汉、唐时期的陶器口沿、瓷碗底等残片；位于莒南县大店镇许家孟堰村西南的许家孟堰遗址，2012年公布为县级文物保护单位，在地表采集的陶片有口沿、罐底、鼎足等；位于莒南县大店镇郭家埠墩村西的郭家埠墩遗址，1989年公布为县级文物保护单位，该遗址采集到鼎足、鬶足、口沿等陶器残片；位于莒南县大店镇北小官庄村南约50米处的小官庄炼铜遗址，1985年公布为县级文物保护单位，曾采集到陶器口沿、底残片等；位于莒南县大店镇后王庄村西的后王庄遗址，1957年公布为县级文物保护单位，曾采集到陶器口沿、鼎、豆等器物残片，并出土有完整的陶豆和大量陶质器物残片；位于莒南县大店镇大时家庄村东北的大时家庄遗址，1989年公布为县级文物保护单位，曾采集到陶器口沿、底、瓦、瓷碗口沿等；位于莒南县大店镇丰山前村新村南的丰山遗址，1985年公布为县级文物保护单位，曾采集到实心跟鬶足、凿形鼎足，大量陶器底、口沿等；位于莒南县大店镇玉皇沟村之自然村围子里周围的围子里围城遗址，2012年公布为县级文物保护单位，围墙为石块堆砌而成，城门东处墙底有洞口，为通水用，墙南处有一眼井，直径约 0.6 米，深约 3 米，南宋时期，红袄军驻扎于此抗击金兵；位于莒南县板泉镇渊子崖村北的渊子崖遗址，1989 年公布为县级文物保护单位，遗址地表上陶片、砖瓦残块数量丰富；位于莒南县板泉镇陈家屯村北约 200 米处的陈家屯遗址，1989 年公布为县级文物保护单位，地表上汉代特征器物残片较丰富，采集到少量唐代瓷器碎片；位于莒南县板泉镇陈家临沐村东北约 70 米处的临沐墩遗址，1985 年公布为县级文物保护单位，遗址内采集标本有鬲足、器盖，罐口沿、腹等陶片；位于莒南县板泉镇洼子埠村北约 200 米处的洼子埠遗址，1989 年公布为县级文物保护单位，遗址内采集标本有罐口沿、底等器物残片，陶质，据分析为汉代器物；位于莒南县文疃镇左家沟村南的左家沟遗址，1957 年公布为县级文物保护单位，地表陶片较丰富；位于莒南县文疃镇石城村西的石城遗址，1989 年公布为县级文物保护单位遗址，破坏较严重，地表陶片少；位于莒南县坊前镇大坊前村北约 200 米处的大坊前村北遗址，1957 年公布为县级文物保护单位，遗址内采集标本有罐口沿、罐腹、瓦等陶器残片；位于莒南县坊前镇竹墩村西北的竹墩商代遗址，1985 年公布为县级文物保护单位；位于莒南县坊前镇岔河村北的岔河村北遗址，1989 年公布为县级文物保护单位；位于莒南县坊前镇东川村西约 500 米处的东川遗址，1957 年公布为县级文物保护单位，遗址内采集有瓦、罐等陶片；位于莒南县坊前镇普天寺村西的普天寺遗址，1989 年公布为县级文物保护单位，采集到的标本有石核、石料等；位于莒南县坊前镇花峪头村西南约 150 米处的花峪头遗址，1989 年公布为县级文物保护单位，曾采集到陶罐口、沿、底，瓦等残片；位于莒南县坊前镇韩家派庄村西南的韩家派庄遗址，

1957 年公布为县级文物保护单位，遗址原为山府城故址，地表由于长年生产取土破坏等原因，没有采集到标本残片；位于莒南县相邸镇村南约 500 米处的坡木遗址，1989 年公布为县级文物保护单位，地表上大汶口、龙山时期器物标本较少，汉代特征器物较丰富；位于莒南县洙边镇西夹河村南的西夹河遗址，1985 年公布为县级文物保护单位，遗址地表陶片较少；位于莒南县洙边镇西书院村北的西书院遗址，1989 年公布为县级文物保护单位，遗址地表上采集少量汉、唐、元时期的标本残片；位于莒南县洙边镇岫务村东北角的岫务遗址，1989 年公布为县级文物保护单位，曾采集到汉代罐口沿、底、瓦等陶器残片；位于莒南县洙边镇三界首村西约 400 米处的三界首遗址，1989 年公布为县级文物保护单位，遗址内采集标本有陶罐、砖、瓦等残片，为汉代器物，另有瓷碗、罐等残片，为唐代器物；位于莒南县筵宾镇大文家山后村北的大文家山遗址，1989 年公布为县级文物保护单位，遗址地表采集标本有鼎、鬲、簋、罐、盆等陶器残片；位于莒南县岭泉镇殷家庄村北的殷家庄遗址，1989 年公布为县级文物保护单位，遗址上龙山文化特征的陶器残片较为丰富；位于莒南县岭泉镇化家庙子村北的化家庙子遗址，1985 年公布为县级文物保护单位，遗址上采集有龙山文化特征的鼎足、鬶足等陶器残片；位于莒南县岭泉镇向阳村北的向阳遗址，2012 年公布为县级文物保护单位，遗址上陶片丰富，采集有多种陶残片；位于莒南县石莲子镇李家埠村西北约 200 米处的李家埠遗址，2012 年公布为县级文物保护单位，遗址内采集标本有汉代砖、瓦、罐、盆口沿等陶器残片；位于莒南县石莲子镇新庄村西的新庄遗址，2012 年公布为县级文物保护单位，遗址上陶片丰富，采集有鸟喙形鼎足、凿形足，造型好，数量多，据分析为大汶口晚期和龙山早期的器物残片；位于莒南县石莲子镇宣文村东北处的宣文遗址，1989 年公布为县级文物保护单位，遗址内采集有陶罐、瓮口沿、底部及少量瓷器残片，多为汉代器物；位于莒南县石莲子镇卞家汀河村西南 800 米处的卞家汀河遗址，1989 年公布为县级文物保护单位，遗址内采集有鼎足、鬲足，罐口沿、腹、底等陶器残片；位于东早丰河村东的东早丰河遗址，1957 年公布为县级文物保护单位，遗址上采集有汉代特征纹饰的陶器口沿、龙山时期的鼎足，陶片较丰富；位于莒南县石莲子镇侯疃西村西南的侯疃西村遗址，1957 年公布为县级文物保护单位，遗址内采集标本有瓷碗、瓷罐底、腹部及陶器残片；位于莒南县涝坡镇西店头村南的西店头遗址，2012 年公布为县级文物保护单位，遗址地表陶片不是很丰富，但时代特征明显，断定为汉代；位于莒南县涝坡镇李家鸡山村西南的李家鸡山村西南遗址，1989 年公布为县级文物保护单位，遗址地表由于生产取土等原因，陶片不是很多；位于莒南县涝坡镇高家柳沟村西南的高家柳沟遗址，1989 年公布为县级文物保护单位，地表陶片较少；位于莒南县道口乡广亮门村西北的广亮门遗址，1989 年公布为县级文物保护单位，遗址上陶器残片丰富，数量大，另有少量瓷器残片，在白铃寺址周围，陶片尤其丰富；位于莒南县道口乡东朱家庄村西北约 1000 米处的东朱家庄遗址，2012 年公布为县级文物保护单位，遗址上陶片丰富，采集有陶罐口沿、底等器物残片；位于莒南县相沟乡万中王庄村南约 100 米处的万中王庄遗址，1989 年公布为县级文物保护单位，遗址内采集到的标本有罐口沿、底，瓦、砖等陶器残片；位于莒南县相沟乡圈子村东北约 500 米处的圈子遗址，1989 年公布为县级文物保护单位，在遗址地表采集到大量陶器残片。

图 2-5-1 汉代陶匜

图 2-5-5 大汶口至汉，鲁东南，笔者于薛家窑周边采集部分陶器作品④

图 2-5-6 大汶口至汉，鲁东南，笔者于薛家窑周边采集部分陶器作品⑤

图 2-5-2 大汶口至汉，鲁东南，笔者于薛家窑周边采集部分陶器作品①

图 2-5-3 大汶口至汉，鲁东南，笔者于薛家窑周边采集部分陶器作品②

　　遗址内出土陶器若干，如大汶口文化时期的觯形杯，为国家三级文物；汉代陶匜为国家三级文物（图 2-5-1）；春秋时期印纹硬陶罐为国家三级文物。瓷器若干，如清代青花石榴樽，为国家三级文物；宋代开片绿碗，为国家三级文物；晋朝四铺首罐，为国家三级文物；宋代瓷罈，为国家三级文物。除此之外，莒国贵族墓葬若干，莒南境内多个贵族墓葬的出土意义重大，体现了莒南深厚的文化底蕴，且文物遗存丰富，为考古研究提供了大量的实物资料，如大店镇老龙腰和花园古墓、卢范大庄西周墓、文疃镇东上涧古墓、大店镇后官庄春秋墓（图 2-5-2、图 2-5-3、图 2-5-4、图 2-5-5、图 2-5-6）。

图 2-5-4 大汶口至汉，鲁东南，笔者于薛家窑周边采集部分陶器作品③

第六节 莒文化孕育中的薛家窑文化

通过对莒文化发展的梳理及莒文化考古资料的证实，探究到了莒文化的内在肌理。莒文化源远流长，文化底蕴深厚，在这片肥沃的土地上孕育了众多灿烂的文化，古老的文明在此生长。莒文化是齐鲁文化的重要源头，时代久远且颇具特色，内涵丰富，影响深远。莒文化的发展和演变深深地影响了齐鲁文化，莒地积淀的人文元素代表了东夷文化，并承载了丰厚的历史文化，屹立于山东文化之林，产生了极其深远的影响。

在丰厚的莒文化的滋养下，薛家窑文化以岁月不动声色的姿态生长于这片肥沃的土地上，薛家窑地处山东省莒南县大店驻地北 1 公里处，以生产黑陶闻名，薛家窑村素有"陶艺之乡"的美称。黑陶扣之有鸣玉之声，富墨玉之美，泛青铜之光，做工细腻考究，形象丰富统一，古朴典雅，奇丽华贵。高则三米之巨，富贵豪华；微则火柴盒可容，精致考究。颇宜室内装点，更具欣赏、收藏价值，深受各界人士喜爱。该村制作泥陶历史悠久，最早可上溯至大汶口文化和龙山文化时期，自南宋开始逐步形成产业规模，明清时期达到鼎盛。旧时以烧制黑陶、蓝陶为主，缸、盆、瓮、罐、壶等精美实用，尤以工艺精湛的"蛋壳陶"而著称。本地人代代烧陶，上千年从未停火。周围十里八乡的村人代代都在用他们烧制的水盆、粮缸、花盆、快烧水壶等黑陶制品。位于村西北约 1.5 公里处的薛家窑古遗址,是省级文物保护单位,龙山文化重要遗址之一。1977 年,这里曾发掘出土大汶口时期的泥制黑陶瓠

图 2-6-1 商代灰陶罐，笔者于
鲁东南薛家窑周边采集

形杯，龙山文化时期的夹砂黑陶鼎、泥质黑陶杯盆、夹砂灰陶罐（图 2-6-1）、器盖，岳石文化的泥质灰陶三足罐等，还有烧窑的灰坑。当地民间还广泛流传着"和把泥，捏碗碗，尧王缸，舜王盘"的童谣。

薛家窑泥陶真正可考的历史在金和南宋时期，薛家窑村在古代名为"营子官庄"。南宋时期，红袄军首领李全、杨妙真率部在马鬐山安营扎寨，薛家窑成为红袄军抗金根据地。红袄军利用这里传统的烧制泥陶技术建窑开工，由军队管理这里的陶器制造工作，此地成为制陶产业基地。所制陶器一为军用民用，二为商品贸易获利以充军资。因此村庄得名"营子官庄"。明洪武年间，从武阳迁来薛氏家族，使得这里的制陶业重新崛起，并且越来越红火，此地遂改名为薛家窑。从此以后数百年，这儿的陶器远近知名，远销各地，深受老百姓喜爱。据说，嘉峪关一带长城上面的兽头即为薛家窑生产，历经明、清、民国，一直到中华人民共和国成立后的 1970 年，此地堪称鲁东南陶都。

中华人民共和国成立后，薛家窑的制陶工艺日渐成熟，产品式样新颖，美观实用，灰、黑、红各色俱全，有各式缸、盆、坛、壶、罐、花盆、瓦墩、火炉、痰盂、茶盘、玩具、绣球、笔筒、香炉、蟋蟀盒、儿童小玩具、花车、铃铛等，还有建筑用的瓦当、兽头等数百个品种。该村制作的凹底壶薄而轻，底凹如倒置漏斗，据说只用一棵高粱秸秆即能烧开一壶水。1993 年，薛家窑从业人员 500 多人，年产百万件，产品除畅销当地外，还远销江苏、河北等省，其技艺已流传到内蒙古及东北三省，村里被外地聘请的传艺师傅达几百人。2000 年，该村从事艺术陶制品的开发和研究的庄乾开获上海民间艺术博览会邀请。

目前，临沂市已将薛家窑泥陶列为第一批重点保护的市级非物质文化遗产名录，莒南县也将其列为重点挖掘保护对象，制定了切实可行的保护计划，并将落实具体措施以保护这一宝贵民间手工技艺。当今社会大背景下对于非物质文化遗产的保护有利于老一辈手工艺的生存和发展，薛家窑作为民窑，因而关注度相对来说较低，但薛家窑陶工们世世代代坚持手工艺的保护和传承，为薛家窑文化的发展做出了巨大的贡献，为黑陶工艺的生长提供了更多的有利条件（图 2-6-2、图 2-6-3、图 2-6-4）。

图 2-6-2 汉代陶俑，笔者于鲁东南薛家窑周边采集

图 2-6-3 汉代釉陶，笔者于鲁东南薛家窑周边采集

图 2-6-4 龙山罍，笔者于鲁东南薛家窑周边采集

第三章

薛家窑的烧造历史

第一节 萌芽奠基期的薛家窑
（史前至商周）

公元前 3000 年，鲁东南地区进入到大汶口文化晚期，这一时期当地的制陶工艺有了重大变革。首先在烧成上，陶窑的结构发生了改进，由原来的垂直竖穴窑演变成了斜上竖穴窑。早期竖穴窑的结构比较原始，不利于提高烧成温度，因而竖穴窑的窑位由火膛之上发展到不直接在火膛之上，而是斜上方，便于火焰进入窑室及陶器的烧造，更使提高窑内温度变成了可能，为黑陶工艺所需要的烧成温度及最后的渗碳烧制提供了先决条件。其次，在成型工艺上，已在原来慢轮修整的基础上出现了快轮制陶工艺，出现手工拉坯、修坯以及抛光工艺，这是生产泥质细陶及蛋壳陶的主要关键技术，为龙山黑陶蛋壳陶的烧造打下了基础。

大汶口文化中晚期，鲁东南地区的陶器一大特点是磨光陶和陶色的多样化，有灰、黑、红、黄、白、褐、青灰等多

图 3-1-1 大汶口黑陶高柄杯

种，其中黑陶多为一种黑皮陶，内里胎质多为红或灰色，这是该地区黑陶渗碳工艺的形成期极为完善时的特征。在选用陶土方面，黑陶的制作原料以本地盛产的黄胶泥为主，它黏性好，可塑性强，同时按器型的不同用途，对黄胶泥的加工也有一定要求。如有的泥料经过多道工序的淘洗消除沙质，有的则根据不同的用途加入细沙或粗沙。对器物表面的处理常在陶坯半干时，把细泥质陶器用骨器在器表面压磨抛光，烧成就能产生光滑的皮壳，这是黄河下游东夷部落史前陶器的主要特征。另外部分细沙陶表面也经过了打磨抛光，这也是其他各色陶器主要的制作工艺。这一时期的黑陶大量增多，器物造型各具特色，如鼎、豆、樽、单耳杯、背水壶、袋状三足器等，其中鼎、豆、高柄杯、背水壶大量使用黑陶工艺。其中最能代表大汶口晚期制陶水平的是高柄杯（图 3-1-1），如临沂大范庄出土的高柄杯均为泥质黑陶，表面乌黑发亮，器壁仅 1~1.5 毫米，口沿处仅 0.5 毫米，这一制作成就表明鲁东南蛋壳陶制作工艺在大汶口文化晚期已达到成熟，其拉坯、修坯技艺已接近完美。这是大汶口文化时期一千五百年的工艺积淀，为其后五百年蛋壳黑陶鼎盛期奠定了基础。

大汶口文化至山东龙山文化，是两个具有先后继承关系的史前文化，在黑陶的制作和承袭上没有严格的界限。鲁东南龙山文化的黑陶工艺，在大汶口文化的基础上又有了进一步的发展，黑陶的比例也由少到多，直至大量出现。这主要归因于轮制的普遍应用及技术的提高，使得产量有了大幅增高。除了部分陶器耳、鼻、嘴、流、把、足等附件手工捏制外，器身一般都采用轮制，所以这一时期的陶器无论在器型规整度和工艺质量上都有很大的改进。

鲁东南龙山文化陶器以黑陶为主，黑陶的烧制温度已达到 1000 ℃ 左右。陶质分细泥、泥质、夹砂三种，其中以细泥薄壁黑陶的制作水平最高。这种黑陶的陶土经过精细淘洗、轮制，壁厚 0.5~1 毫米，有蛋壳黑陶之称，是龙山文化的代表。制作如此精品，需有丰富的经验和熟练的技术，事实说明当时的

图 3-1-2 笔者采集的部分龙山陶器

制陶业已非常专业化，并被某些有经验的家庭作坊所掌控，这应和现在鲁东南的黑陶生产作坊一致，同时其他各色陶器的生产质量根据需求也有了很大的提高（图 3-1-2）。

日照两城龙山文化生活遗址，是公元前 2000 年亚洲最大的史前古城。这一地区文化堆积厚，年代明确，地下 3 米为大汶口晚期生活层，1 米以下是龙山文化层，而汉代的墓穴就建在龙山文化层上，墓壁上嵌有龙山的黑陶残片，而现在两城镇的居民则在遗址上生活居住。当地的老房子院墙为土坯建筑，多为在遗址上就地取土，土坯中掺杂有大量的黑陶陶片。建房的土墙中空，内里填有大量碎石块，碎石中有残破的石斧、石刀及黑陶纺轮。

从龙山文化黑陶出土情况看，夹砂黑陶多出自平常墓葬及生活遗址，且使用痕迹明显，为生活实用器，如黑陶鼎。适当的夹砂能提高适应热胀冷缩的能力，延长使用寿命。由于长期使用，出土的实用性陶鼎底部在炉火的烧烤下已出现

图 3-1-3 黑陶盒、黑陶双耳杯和黑陶单耳杯

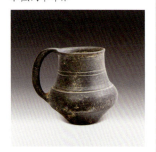

图 3-1-4 龙山单耳杯

图 3-1-5 黑陶单耳杯

图 3-1-6 大汶口黑皮陶单耳杯

烧裂及脱碳现象，由原来的黑陶变成红色陶质。实用黑陶还有泥质或夹细砂的容器类，如单耳杯（图 3-1-3、图 3-1-4、图 3-1-5、图 3-1-6）、盆、双耳罐等。这类黑陶造型精致，多带实用性或装饰性耳、流、把、旋纹、足等附件，器型规整、器表抛光，已是极为专业且具有美观装饰效果的黑陶产品。

细泥质黑陶多为蛋壳陶，基本上出土于祭祀灰坑或级别较高的墓葬中，修坯精良，抛光一流，烧制难度大，从实用角度讲过于单薄、易碎，应是专用于祭祀或贵族使用的礼器类黑陶。同时白陶的生产制作也达到顶峰。白陶由高岭土制作，抛光细致，器型精美，烧成温度已达到 1000℃以上。白陶被认为是中国瓷器的前身及源头。笔者在采集龙山文化白陶标本过程中，有的烧成温度已达到 1260℃，已无吸水率并完全瓷化，这应是中国最早的原始瓷。

在鲁东南龙山文化红陶、黄陶标本中发现了数量众多的抛光精美、表面覆盖着玻璃光泽的陶器标本，由此联想到莒南当地薛家窑出产的花盆在烧制快结束时，传统上会把一铁锨粗盐洒入燃烧室内，这样陶器表面会发亮。通过这种陶器与龙山时期标本的比较，可推断 4500 年前的鲁东南东夷人已经掌握了盐烧技术，绝不会是单纯的抛光这么简单，因为抛光的陶器在烧制时也会失光泽，而盐烧会使陶器表面形成一种玻璃质感的釉层。日照两城龙山文化遗址距海岸线直线距离只有两公里，为其盐烧或海水揉泥提供了有利条件。现代陶瓷生产的盐烧工艺普遍认为源自 13~15 世纪的德国，17 世纪传入荷兰、美国等，20 世纪末盐烧进入中国，但在鲁东南的史前陶器及现代陶器生产调查中得知，盐烧在中国自古有之，至少在 4500 年前的东夷龙山文化时期就已成熟，而且在鲁东南的偏远农村从未停止使用。

至龙山文化晚期，也就是到了传说中的尧、舜、禹时期，陶器的烧成温度达到 1000℃以上，已为炼铜提供了条件，到了商、周时期，青铜礼器开始流行，因蛋壳黑陶礼器制作难度大，且易碎，被精美耐用的青铜器所代替。所以，我们从商、周青铜礼器中亦可以清楚地寻到龙山文化黑陶器型的影子。

从商、周青铜器兴起，龙山文化蛋壳黑陶的影子就在我国的陶瓷史上隐退，在人们的印象中，精美的黑陶文化失传了。但是，当我们深入到黑陶文化的发源地鲁东南地区，在龙山文化遗址旁的农村，你会发现家家户户使用的水盆，存放粮食的大缸，烧水的水壶，竟然都是清一色的夹砂黑陶制品。原来作为礼器和贵族使用的黑陶，的确已被青铜器所替代，历史上也难寻其踪迹，但是在鲁东南广大的农村，普通老百姓却没有经济能力用得起昂贵的青铜器，因而经济实惠的黑陶实用器的大量烧制从 4000 年前至今代代相传从未断烧，而单在莒南、日照地区以类似薛家窑以窑为村名的村庄历史上就有 50 多个，其生产的陶器种类繁多，始终满足着鲁东南历代劳动人民日常生活需求。

第二节　薛家窑的烧造传承

据文字记载，薛家窑的泥陶制作自宋代就开始盛行。南宋时期，红袄军首领李全、杨妙真在这里安营扎寨，这个村就叫"营子官庄"，起义军利用这里传统的烧制泥陶的技术，在这里建窑开工，供部队所需。明洪武年间以后，相继迁来薛氏、刘氏、王氏、庄氏家族，他们也发现这里独有的黏土，就在这里研发泥陶工艺，使这里的泥陶产品声誉大振，村名遂改称"薛家窑"。

明代，薛氏家族、刘氏家族、王氏家族、庄氏家族相继迁来，几家技艺的融合成为薛家窑泥陶第一代创始人：

刘氏：（一代）刘慧章——（二代）刘桂云——（三代）刘学庸、刘学广、刘学松、刘学祥——（四代）刘西敏、刘西凤、刘西堂、刘西余、刘西忠——（五代）刘德军、刘德莲、刘德高、刘德奎——（六代）刘洪杰、刘洪坤。

自清光绪年间，刘氏第一代传人刘慧章便在薛家窑选址烧制泥陶，至今已有六代传人。旧窑址位于薛家窑村沟西，历代产品均以实用泥陶制品为主，例如合罐、烧水壶、花盆、洗菜盆、汤盆等。第五代传承人刘德军等在先辈们传统烧制的基础上开发了工艺美术陶盆、黑陶工艺品、各类泥陶雕塑等和现代生活相融合的产品，深受广大人民的喜爱，其中出口陶盆更是远销到欧洲和东南亚各国，得到国外客商的一致好评。

庄氏：（一代）庄修福——（二代）庄玉卿——（三代）庄子鹏、庄子彬、庄子松、庄子鹤——（四代）庄会明、庄会吉、庄会清、庄会秋——（五代）庄乾友、庄乾旭、庄乾红、庄乾开。

自清光绪年间，庄氏第一代传人庄修福便在薛家窑选址烧制泥陶，至今已有五代传人。旧窑址位于薛家窑村沟东，历代产品均以实用泥陶制品为主，例如合罐、烧水壶、花盆、洗菜盆、汤盆等。第五代传承人庄乾开等在先辈们传统烧制的基础上研发了园林景观陶罐、黑陶工艺品等和现代生活相融合的产品。

薛氏：（一代）薛为——（二代）薛立吉——（三代）薛敬廷、薛仕成——（四代）薛金会、薛彦春、薛彦双、薛彦良——（五代）薛希明、薛希文、薛希华、薛彦岭、薛希军、薛彦起。

自清光绪年间，薛氏第一代传人薛为便在薛氏先辈旧址的基础上选址烧制泥陶，至今已有五代传人。旧窑址位于薛家窑村沟东，历代产品均也以实用泥陶制品为主，例如合罐、花盆、洗菜盆、汤盆等。第五代传承人薛彦起等现在主要制作出口陶盆，因其技艺精湛，为人谦和，得到国外客商的一致赞许，订单量一直处在薛家窑村其他各窑口的前列。

王氏：（三代）王桂春、王桂江——（四代）王玉田、王玉堂——（五代）王景俊。

王氏家族自清咸丰年间开始在薛家窑制陶，至今已有五代传人，历代产品也是以适应当代需求的实用品为主。第五代传人王景俊现为为数不多的能够制作薛家窑泥壶的师傅，其制作的烧水壶胎体轻盈，均匀一致，比例协调，美观大方，堪称一绝。

图 4-1-1 世代烧窑的陶工

第四章

薛家窑的烧造特色

第一节 黑陶的独特材质及在日常生活中的优势

优质材料是人们在生产和生活中发现并利用过的材料，来源于自然环境之中，其所处的自然环境和人文环境在特定历史时期成为人类生存与生活不可替代的物质基础，是人类与自然的完美结合（图4-1-1）。

黑陶陶胎较薄，胎制紧密，漆黑光亮，是陶器中的精品，被誉为"土与火文明的诠释，力与美的结晶"。黑陶制作难度较大，通过特殊的"熏烟渗碳"形成。为了使黑色在陶的表面分布均匀，对泥土要求非常严格。泥土必须细腻，颗粒大小和密度均匀。黑陶一般取材于黄河流域的红黏土，需纯净不掺杂其他土粒。这种土是碳酸盐岩石经过数万年的风化堆积而成，土质细腻，同时为避免拉坯时出现气泡，陶泥需陈腐半年以上时间，在这期间水分慢慢均匀，泥陶变得更加致密。

薛家窑黑陶烧制使用的是本地特有的黄胶泥，经专家考证，该土层形成于一亿多年前的恐龙灭绝时期，是红页岩长期风化沉积而成，是制作陶器的上等原材料。它含杂质少，烧成温度可达900~1000℃，不需陈腐、过滤，做成的陶器胎质细腻，适用范围广，且烧制出的黑陶水壶、水缸绝不会出现渗漏。优良的胎质和各项优越的使用性能是其经历千年而代代传承的原因，也因其为优良的生活实用器而被鲁东南历代劳动人民所接受，成为其日常生活不可缺少的一部分。

从当地口口相传的历史中得知，本地人代代烧陶，上千年从未停火，而且烧制的是清一色的黑陶。黑陶的烧制与日常生活息息相关，因其具有众多优势，周围十里八乡的村民都在使用他们烧制的黑陶制品。黑陶在生活中的优势主要体现在以下几个方面：①存放食物、茶水等不易变质。②用泥陶壶烧开水节省燃料，冲茶味道纯正浓郁还略带有奇特香味。③用泥陶瓦盆喝牛汤、羊汤，既能除膻味又能释放出一种格外的香味，肉鲜味正。据有关史料证明，如能长期使用泥陶餐具、茶具可延年益寿。④使用泥陶花盆栽花，保水性能强，透气良好，花卉生长格外肥壮，如果将花盆直接放在湿土地上，还可从土中吸取水分以供花株。几千年来陶瓷一直是人们日常生活中不可缺少日用品，因而陶瓷器的最大功效均与食物有关，人们不仅能够享受到许多美味，而且陶器还能杀灭病菌，极大地提高了人类的健康水平，是人类文明进步的重要标志。

在黑陶的生产上，当地制陶人积累了异常丰富的生产经验与生活经验，包括地理环境要素，自然环境要素，材质要素，生产制作工艺要素以及当地社会人文要素等，以此构成了独具特色又充满生活气息的黑陶制品，不仅满足了当地人基本的日常生活器具所需，还具有一定的审美价值和科研价值，在陶瓷史上具有举足轻重的地位。

第二节 黑陶生产的特色及审美文化

黑陶是陶瓷发展史上的巅峰之作，达到了炉火纯青的地步，是人类制陶史上的奇迹。在考古学上，"黑陶文化"又称为"龙山文化"，是稍晚于彩陶文化的一种新石器时代的人类文化遗产，标志着新石器时代早期黑陶艺术的兴起，代表了陶器由实用性转变到了审美层面上，这也代表着当时先民在农业水平不断提高的情况下为满足日常生活需求，而融入自我的审美水平。尤其龙山黑陶在烧制技术上更为突出，开始采用陶轮制坯，胎薄而均匀，是黑陶中最为精美的制品，表面打磨光滑，厚度仅为1毫米，有"蛋壳陶"之称，表现出惊人的技巧（图4-2-1、图4-2-2）。

图 4-2-1 龙山黑陶

图 4-2-2 龙山黑陶，笔者于鲁东南薛家窑周边采集

薛家窑村东南角是一处典型的大汶口文化遗址，西北角为龙山文化遗存，经考古研究发掘采集到大汶口和龙山文化时期的泥质黑陶以及古窑址出土情况看，夹砂黑陶多出自平常墓葬及生活遗址，且使用痕迹明显，为生活实用器，如黑陶鼎。实用黑陶还有泥质或夹细砂的容器类，如单耳杯、盆、双耳罐等，这类黑陶造型精致，多带实用性或装饰性，耳、

图 4-2-3 龙山文化时期的黑陶
实用器

图 4-2-4 龙山黑陶，笔者于鲁
东南薛家窑周边采集

流把足等附件，器型规整、器表抛光、已是非常专业的黑陶产品（图 4-2-3、图 4-2-4）。众多现象足以证明，该地域早在距今 4500 年前就有了高超的陶器生产工艺。南宋红袄军起义后，曾在此地安营扎寨，并发动农民广建窑场，烧制陶器。当时的营子官庄村规模最大，至明代洪武年间，营子官庄村的泥陶制作在方圆百里远近闻名，当时该村以薛姓族人建的窑最有代表性和影响力，故村名更改为"薛家窑"，他们生产的陶器也称为薛家窑泥陶。因此由史前至今，薛家窑制陶史脉络清晰，层次分明，文化相连，年代衔接环环相扣。

陶瓷既是一种工艺美术，也是一种民俗艺术、民俗文化，黑陶作为陶瓷中最为独特的一种，包含了陶瓷艺术中的众多因素，同时也表现出相当浓厚的民俗文化特色，反映了当地人民的社会生活、世态人情和审美观念及审美追求。薛家窑地区同古代社会以血缘关系为单位的社会一样，结成部落或生活群体，因而在该群体中有着普遍的社会心理，他们对于生活的期望与寄托都体现在最为独特的黑陶之上。任何一件陶器都要满足使用方面的要求，又要强调一定的艺术性，因而几千年来，历代陶瓷工匠们用他们智慧的头脑和灵巧的双手创造和积累了极为丰富的陶瓷造型。

黑陶作为陶瓷的一种，兼具实用功能与意识功能为一体，其文化审美是物质性与非物质性、理性与感性的有机统一，以材料为基础，实用功能为依托，不断在造型上予以开发，使其同为功用和审美服务，这便构成了黑陶文化审美的两个方面。在实用功能上发端于人们造物的过程中，诞生于人类生活的需求中，人们为了生存借助于黑陶材料进行造物，最终构成黑陶文化审美的第一方面；再者，由于人们对于自然的征服欲不断增强，不断地改造自身活动，人们在意识上需要安抚和慰藉，于是利用黑陶这种物质形态表达对神灵的敬仰和崇拜，由此造物活动不断展开，体现在祭祀活动等方面，表达对神灵的敬奉和对逝者的怀念。因而，黑陶的审美文化无论是从物质形态还是意识形态都体现了人们改变生活方式及改造自身活动的丰富多彩。

图 5-1-1 黄胶泥料

第五章

薛家窑的烧制工艺

第一节 黑陶的工艺流程

中国传统工艺制作十分重视手工艺品的材料与工艺制作水平的高质量、高水准，无论是从取材方面还是从制作流程方面都讲求"精益求精"，薛家窑黑陶的制作也不例外，在工艺流程方面显得尤为突出，具体包含以下几个步骤。

一、取土

薛家窑制陶所用泥土全部取自村西庄上所共用的黄胶泥塘中（图 5-1-1）。这种胶泥黄中偏红，为薛家窑所特有，各家各户根据自己每年的用量用拖拉机运回自家院中晒干存放，然后加水焚匀，用脚反复踩踏，一直踩到不粘脚为止，称踩熟，然后制成长 1 米左右、直径 10 厘米的泥条，即供拉坯使用。薛家窑的泥料不需陈腐，也不用淘洗沉淀去除杂质，直接踩熟就可作为制陶原料，而且能保证烧成及使用质量，这是其他地方所使用的胶泥制陶原料几乎做不到的，其他胶

图 5-1-2 拉坯

泥因加工陶土程序复杂，耗费大量人力物力，且烧成温度低，表层易脱落，实用渗水，只能做工艺品。

二、制坯

薛家窑的成型工艺为传统的手工拉坯，使用的工具是一个旋转的木盘，叫拉坯轮（图 5-1-2），直径约 90 厘米，木盘底面附有一块方形厚木块，两边各有一小孔，用两根圆木把它和木盘连在一起，中间开有一个直径约 20 厘米的圆孔，套在固定在地面的车桩上。车桩的顶部呈尖状，材质多为枣木、黄檀木，以前直接是木结构，现在为了耐磨在上下接触点各加了铁质材料。其关键部分在于木盘下的木块，用脚蹬踩，它厚而重，即可保证木盘旋转平稳，又增加了惯性，提高了轮盘的速度。拉坯轮的出现是人类制陶史上的一大进步，从大汶口文化至今，薛家窑一直在沿用这种传统的制陶方式。由于快轮构造合理，操作方法得当，转速很快，当轮盘转速达到每分钟 80 转以上时，即可达到拉坯要求，薛家窑的脚蹬转速为每分钟 100~180 转。另外，村内还有一种电动拉坯机，它是用自行车后轮改装的，在地面挖坑预埋好电机，用链条连在车轮的轴承上，轮内辐条加石膏找平，这样经过转速调试，便是一台经济简易的拉坯机。

陶工在拉坯之前，将已备好的泥条堆放在车坑的左边，车坑的右边放一盆水，以便拉坯时将手沾湿。制坯时，取 15 厘米长的一段泥条，将泥料拍打几遍，使其所含的水分分布均匀，拍打成扁圆形的泥坨，置于木盘中央，粘在木盘上。陶工坐在轮盘后面的凳子上，左脚踩在车坑边上，右脚踩在轮盘上面，连续向前蹬，使轮盘按逆时针方向旋转。这时，双手用力蒙住泥坨，两个大拇指放在泥坨上面，其余手指放在泥坨两侧，一边向里挤，一边向上推，使泥坨变成圆柱形，这一动作称为挤泥柱。再用两个大拇指从泥柱中央插下去，接近木盘时，两指向右前方推泥，便形成器底，这一动作称为推器底。器底上面出现大拇指推泥时所遗留的螺旋式拉坯指印，由于轮盘按逆时针方向旋转，拉坯时指印就按顺时针方向旋转，二者旋转的方向恰好相反。然后左右手分别放在内外两侧，左手的中指与右手的大拇指相对，用力将泥料逐渐向上提拉，便形成器壁，这一动作称为拉坯。器壁内外表分别出现螺旋式拉坯指印，由于轮盘按逆时针方向旋转，拉坯指印就按顺时针方向螺旋式上升。上述器底和器壁上所遗留的拉坯指印，其旋转方向都与轮盘旋转的方向相反（图5-1-3、图5-1-4、图5-1-5、图5-1-6、图5-1-7）。

薛家窑快轮装置的显著特点是轮盘转速快，利用快轮制陶是为了使泥料产生快速旋转运动，因为泥料在快速旋转时受到手的作用力，产生形变的速度快，效果好，可以提拉成各种形状的坯体。利用快轮拉坯，两手工作效率之高是相当惊人的，这在很大程度上提高了制陶的劳动生产率。一件件精美的工艺品在拉坯师傅的手中形成，产品的形状、大小、厚薄、高矮全在师傅的心中和手中。一个熟练的拉坯师傅，一天可以制作200个花盆。拉坯技术含量最高的是快烧泥壶，首先倒做壶底，成内凹形，然后倒过来再拉成壶体，最后上把、安嘴，整个制作过程全凭师傅的经验和感觉。这种黑陶快烧壶由于底部收火，整个壶制作轻巧壳薄，只用一根高粱秸便能烧开一壶水，且味道纯正甜美。其凹底的形制把整个火焰兜在内凹的壶底，有效增加了受火面积，与5000年前的鬶、甗、鬲的使用原理有异曲同工之妙，应是在鬶、鬲基础上经过历代改进而成，其使用年代应和陶釜平行，且传承至今（图

图 5-1-3 拉坯①

图 5-1-4 拉坯②

图 5-1-5 拉坯③

图 5-1-6 拉坯④

图 5-1-7 拉坯成型

图 5-1-8 快烧壶

图 5-1-9 内凹的壶底可以收火

5-1-8、图 5-1-9）。

初步成型的坯体称为毛坯，修整毛坯应使轮盘慢速旋转，称为"快轮慢用"，如果转速太快，很软的胎壁就会"飞"掉，因为轮盘快速旋转所产生的离心力太大，超出了胎壁的承受能力。修整毛坯的动作称为修坯，所用的工具是用薄木板制成的，一侧为平刃，两端有角，另一侧为弧刃，称为角板，长约 20 厘米，宽约 5 厘米，厚约 0.5 厘米。这时左手放在器壁内侧，右手放在器壁外侧，从下往上逐渐刮掉拉坯指印和多余的泥料，原来较厚的地方，两手用力大一些，多刮掉一些，原来较薄的地方则少刮掉一些，用力大小全凭手感和经验。口沿可以用手指修整，也可以用角板修整，经过修整，胎壁变薄，腹部向外鼓出，口部浑圆。然后用一块沾水的布搭在口沿上，边旋转边将口沿抹平，再将外表抹平，也可以用湿手抹平。用湿布或湿手抹平之后，器表留有细密的轮纹，修整完毕的坯体称为成坯。最后，轮盘尚在慢速旋转时，用一根细铁丝或麻线将成坯从木盘上面切割下来，这一动作称为割坯，细铁丝或麻线称为割丝，长约 40 厘米，两端各绑一块布条，便于抓住布条使用割丝。由于边旋转边切割，外底会产生一个割丝移动时所遗留的偏心涡纹，因为陶轮按逆时针方向旋转，所以偏心涡纹呈顺时针状，可以设想，如果陶轮按顺时针方向旋转，偏心涡纹就成逆时针状。整个制坯过程可分为拉坯和修坯两个阶段，通过拉坯，制成毛坯，只是初步成型，通过修坯成为成坯，整个器物就定型了。

三、晾坯

坯体做成后，需经至少三次晾晒，称之为"三水"。先将坯体移至屋外晾晒 10 多分钟，再搬到屋内，叫作"一水"；

一天后，再拿到日光下晒半个小时，然后放阴凉地里继续晾干，再到室内，叫作"二水"；两三天后，再搬出来晾干，叫作"三水"。一般制品在春秋两季至"三水"即可入窑烧炼，在夏冬两季则需要四至五水（图5-1-10、图5-1-11）。当地的胶泥原料致密度高，晾干的花盆扣在地上，即可承受一个人的重量，烧成的水器类产品绝不出现渗漏。

图 5-1-10 晾坯①

图 5-1-11 晾坯②

图 5-1-13 位于地面以下的燃烧室

四、烧成

薛家窑所使用的窑有大中小三种，大型窑可装300套制品，中型窑可装150套制品，小型窑能装70~80套制品，为直烟窑式结构。传统窑用土坯垒制，现代窑用砖垒制，一门一灶，与龙山文化晚期窑的形制相比较，无太大变化，火膛在烧成室底部靠前位置，烟出在顶部中央。分别建在个人房前屋侧或村子中央的公共空地上，有些公用窑为各家合用。据当地的窑工介绍，一个窑可用几代人，烧塌了就在老窑的隔壁借用残墙再起一个，即容易又方便。村内现存最早的窑为明嘉靖年间所建，现在还在使用，它是三座窑建在一起，远远望去，像一个大土堆，坡度平缓，四面都可很方便地走到窑顶（图5-1-12）。

其面向正南有三座窑门，各窑室独立分开，可单独使用，三个燃烧室位于地面以下（图5-1-13），烟出位于窑顶中间，无烟筒。东面窑门口尚存有一棵百年古树，由于年代久远，中间形成空空的树洞，只

图 5-1-12 现存最早的窑为明嘉靖年间所建，三座连在一起，是村中的共用窑

图 5-1-14 小型黑陶窑

图 5-1-16 装窑

有外壳支撑着几枝绿叶。小型窑与大型窑相比，似一只倒扣的铁桶，内部结构一样，外侧墙壁坡陡峭，有一条用废弃的老磨盘垒成的台阶通向窑顶，方便窑工上去洒水或封闭烟出口（图 5-1-14、图 5-1-15）。

烧窑的第一道工序是装窑（图 5-1-16），有专门的师傅在里面，以坯压坯，将窑装得满满的，以充分利用空间，装完便用砖头和稀泥封好窑门，只留火膛和出烟孔。

传统烧窑用山松枝等木柴，现代用煤炭点火后先用小火烧，逐步升温，当地称为通火，也叫"小黑闷"。然后火势逐渐加大，使窑内温度达 700~900℃，称"大黑闷"。从"小黑闷"到"大黑闷"前后需要 24~30 个小时，时间长短根据窑的大小不太一致，多是以烧窑师傅用眼观察烧"熟"为宜，然后用陶板或陶盆扣住烟出口，用稀泥密封，之后再把火膛内塞满马尾松枝叶作为渗碳原料，这一过程要让火膛内的松枝，只冒黑烟不再着火，紧接着把火膛口用土封住，这期间还要洒水润窑，这时窑内各处都充满黑烟，所以各件器物的全身都被渗碳变成黑色。其渗碳层的深浅与渗碳保温时间的长短有关，时间长连胎心也变为黑色，时间短仅表皮变为黑色，胎心仍保持红或灰色，当地称为"黑皮陶"。薛家窑的闷窑渗碳过程长达 24 小时才可出窑，这就保证了黑陶渗碳质量，这种烟熏渗碳工艺是当地史前时

图 5-1-15 废弃的老磨盘垒成的台阶直通窑顶

期便熟练掌握的黑陶烧制工艺。

要了解这种黑陶烧制技术，必须掌握黑陶渗碳的原理，李文杰在《中国古代制陶工艺研究》（科学出版社 1996 年，第 143 页，渗碳一节）中提到：要使用这种陶器渗碳工艺，必须同时具备两个条件：①使陶器处于接近红热的状态，从而具有吸附碳粒的能力；②使渗碳剂产生黑烟，黑烟可以渗入陶胎之内，因此黑陶的渗碳过程是在一定的温度条件下进行的，它是一个渐变过程。当炉温下降在 500~400℃的范围内，是渗碳的最佳时机，温度过高时，渗碳不明显，碳素粒这一时期由于窑内温度过高被焦化或是对高温红热的坯体产生脱碳；温度低于 400℃时，碳素无法进入坯体内部，只附在表面漆黑一层，用手擦即可消失。

现以窑内渗碳为例说明为什么在一定的温度范围内才能够渗碳及陶器渗碳的基本原理。在常温下，坯体内含有水分、有机质和空气等，烧成前期，随着温度的升高，水分逐渐排出，有机质等逐渐分解，因此，（从常温至 900℃以前）"气孔率增大"，在红热状态下，孔隙内的气体因热膨胀而排出，因而孔隙内接近于真空，气压很小。烧成后期陶胎的温度逐渐下降，孔隙具有"吸附作用"，在 500~400℃的温度范围内对碳粒的吸附作用比较明显，在这时将陶窑的排烟口封闭，致使窑内通风不良，氧气供应不足，木柴（尤其是含松脂较多的松木）炭化，同时产生大量黑烟，这黑烟实际上就是许多微小的碳粒，碳粒首先被陶胎表面的孔隙所吸附，然后逐渐向内部深处扩散，所谓渗碳就是在一定的温度范围内碳粒逐渐渗入陶胎的孔隙之内。陶胎的温度降到 400℃以下时，孔隙内的气压逐渐变大，吸附作用逐渐减弱并停止，渗碳的过程也随之结束，已经渗入陶胎的碳粒便沉积在孔隙之内，成

图 5-1-17 块状的青矸

图 5-1-18 左为黄矸，右为青矸

为陶胎的一个组成部分，从而使器表乃至胎心都变成黑色。

罗庄西面的湖西涯及周边各村，是临沂各类土陶的集中烧造地，这里的日用黑釉陶大缸、大盆及熏烧砂壶，全国有名。特别是这里的砂壶为黑陶的一种，其烧造过程采用窑外熏烧渗碳工艺，独具特色。这里的砂壶无论熬制中药还是炮制清茶，都毫不逊色，用它凉水，它的内胎能吸附水中碱性物质净化水质，有益健康。用这种砂壶泡茶特别有味道，即使在夏天，一周的时间也不会变质。废品也能再利用，许多花农买去养花，砂壶埋在土层，可以保持水分，平常的花盆保水一日，砂壶则可 5 天内不用浇水。由于砂壶透气强，又能渗水，养植在里面的花从不烂根。

五、砂壶的制成大体分为以下几个步骤：

1．原料与制坯

砂壶的烧制非常讲究，没有十年、二十年的功力是无法掌握的。其选料亦极为严格，选用本地盛产的青矸、黄矸做主要原料。这是一种将要风化成土但还成块状的瘠性原料，它是在当地的煤层以上，第一层为黑矸，第二层是青矸，再往上便是黄矸（图 5-1-17、图 5-1-18）。各泥塘所出矸料软硬不一，要靠经验灵活掌握。选用的泥要经过捣碎过筛，所得细土要经过练泥才能使用，两种矸料一硬一软，为保证砂壶的质量及烧成温度的控制，两种原料要结合使用，用量的比例根据季节干湿及气候灵活掌握，没有一定的规律。如上次用剩的泥这次再使用就可能或软或硬，要及时增加相应的原料。砂壶的制坯过去采用轮制，现在为讲究规范化生产，一律使用印坯制壶身，然后撮壶系、安嘴、整壶肚。一块泥在制坯的老师傅那里，一会儿就变成一把精美的砂壶。

2．上釉

待坯干时，砂壶还须上釉，釉只上外面，壶底和里面是不上釉的。釉子是本地土产的一种土釉，其主要成分是姜黄和黄药，这两种是当地天然生成的黄土，把这两种黄土研磨后加水，按 4:6 的比例配制即可。这种土釉的熔点很高，烧成温度可达 1280~1300℃，正好和当地的矸料陶泥相匹配。据烧窑的师傅说，上釉的主要目的是为了掌握烧成温度，当用肉眼观察到釉子熔化时，便达到了砂壶的烧成温度，即 1280~1300℃。其次才是美观，对砂壶的使用没有实际意义，因此有的砂壶不上釉。

3．烧成

当地的砂壶烧制是一种快烧窑（图 5-1-19），它热装热出，不用凉窑可反复使用，有效地利用了热量。窑的形状大体是馒头形，南北两侧上部，各有一个宽 35 厘米、高 60 厘米的窑门。窑内底部是炉条，炉条下中空和一侧窑外的鼓风机相连，现在窑内供氧提火全靠鼓风机，有效地节约了时间。炉条上面铺一层炉灰一层渣，再上面铺无烟煤。烧成时先将窑内无烟煤点着，用下面的鼓风机把火吹旺，然后用一把长长的砂壶枪把砂壶送进窑内，一字排开。这种装窑最讲技巧，挑猛了壶把会被挑掉，挑慢了会影响烧制进程，浪费时间和炭火，成品壶的质量还会受到影响。熟练的装窑师傅装起壶来，如蜻蜓点水，长长的砂壶枪将砂壶高高挑起，瞬间入窑，左手找方向，右手

图 5-1-19 快烧窑

图 5-1-20 装窑

图 5-1-21 撒炭提火

图 5-1-22 南北窑门同时出窑①

图 5-1-23 南北窑门同时出窑②

图 5-1-24 窑外熏烧

管远近，巧妙配合，一只只砂壶坯就稳稳地坐在了该坐的地方，然后依次排开。这种窑因南北各有一门，所以砂壶枪所到之处，不会有死角，充分地利用空间，一次烧制砂壶要装三层，壶梁紧压着壶梁（图5-1-20）。整个操作过程只需要半个小时，之后南北两个窑门用砖头封住，只留少许的砖缝出烟及热量，有效地利用了热能。整个烧制过程窑内只有正压没有负压，当达到烧成的最后阶段，窑内温度升不上去的时候，窑工会把窑门上部打25厘米左右的几层砖，熟练地用手向里面撒炭块，以保证窑内温度的提升（图5-1-21）。这期间不能有一个壶系壶嘴被打碎。当窑内温度达到1280℃时，这时的温度观察全靠目测，烧窑师傅一般要看壶梁，闪光了也就是釉子开始融化了，砂壶的窑内烧制也就基本上完成了。这时窑工会把南北窑门外空地上铺好无烟煤，无烟煤必须含硫量较高，否则无法熏制砂壶。打开前后两个窑门后，用长长的砂壶枪把烧红得刺眼的砂壶依次挑出（图5-1-22、图5-1-23），埋在窑外的炭堆里（图5-1-24），这样红热的壶体会引着煤炭。但在煤堆里由于缺氧，只能暗燃，砂壶内部由于缺氧成还原气氛会由原来的米黄色变成灰色，外部由于上过釉，会变成漂亮的银灰黑色，带着金属光泽。这时窑内的煤火还在燃烧，窑工会迅速地在底层铺炭，把第二窑的壶坯装入，烧制第二窑，这样的烧制过程是从开始点火热窑到3个小时后出第一窑，第二窑开始2个小时一窑，一夜烧8窑，白天窑内不熄火，用炭把火压住，晚上再用鼓风机吹旺，连烧3夜，共计23窑为一次完整烧制过程。

第二节 工艺特色及成因

　　泥陶技艺具有传承性。泥陶制作工艺自原始社会至今，连绵不断，原因是泥陶制品是人们日常生活中的必需品。薛家窑的泥陶制作，从大汶口文化时期至今，传承数千年经久不衰。在传承的过程中，在保留传统制陶技艺的同时不断更新技术与理念，使得传统黑陶能够经久不衰。

　　传统手工业时代所建立起来的师承关系与师承制度为一个工艺人才的成长提供了良好的培训模式，以血缘为纽带的家族式制陶业是技术的传播与承接，通过"父传子""子传孙"或"师父传徒弟"的模式传承技术，在实践中检验学习者对技术的掌握和运用，通过理论传授与技术示范相结合，使得教学相长，这种传承模式有利于通过实践弥补理论教授的不足。虽然在传统手工业作坊中所流传下来的看似机械的教育方式和方法存在一定弊端，但值得如今传统手工业传承的思考。传统手工艺者通过在作坊里学习最基本事物，从制作流程的源头学起，如选料、练泥、成型、修坯等基本操作程序，到最后制作出成品，枯燥又反复的操练，不仅使得他们熟练了流程，还磨砺了他们的意志，达到熟能生巧的程度。无论是从文化传承的角度而言，还是从现代社会生产实践看，信息化时代各种手工艺生产仍需要技术熟练艺人作为支撑，因而，泥陶技艺是机械化生产不可替代的。传统手工技艺无论是在记忆方法上，还是文化价值方面都具有一定的传承性，因而培养大批德才兼备的泥陶技艺工作者不仅是为黑陶文化的传播做铺垫，还为后人留下了宝贵的物质和精神财富。

泥陶技艺具有科学性。泥陶制作的科学性最初来自于人们的实践。从制泥到拉坯，到烧制，从生产工具到生产工序都有严格的要求和规程，且为纯手工技艺，不仅仅涉及物理学的相关知识，还涉及美学、力学、热学和环保科学等，因而科学的生产保证了传统黑陶的质量和技术，使得黑陶技艺不仅仅是一门生活的学问，更是一门科学的学问。

制陶离不开泥土，陶土经过揉制后才可制作陶坯，最初用手随意捏制，后改为泥条盘筑法，这种方法更稳定且更加对称平衡，充分体现了制陶先民们在不断探索的过程中科学合理地运用制坯方法。在成型后，趁水分半干之时，用陶拍以内顶外拍的方法拍打胎体，使泥条之间结合紧密。这种方法的使用从器内可以看出陶拍顶或手压过的痕迹，而外表经精心修正几乎看不出泥条痕，部分因陶拍上有图案而留下自然的印纹图案。后来发明了陶轮，人们利用陶轮的旋转将陶坯加工得更加完美细密。因而，在制陶过程中，各个环节都体现了一定的科学性，从原料的选择到工艺流程，都经过了科学的考验。制陶技术难度不大，烧陶温度也不高，约600~1000℃，所以可采用原始的露天堆烧，或利用窑内烧制，无论从生产力低下的远古时期的露天堆烧，还是如今更为安全方便的烧制方式，制陶的技艺也从实践中不断地总结和提高，整个发展的过程中都离不开科学的指导。

泥陶制品具有艺术性。泥陶产品初期是生活用品，因此它具备一定的实用性。随着人们生活水平的提高，泥陶开发出许多纯观赏性的产品，如花瓶灯装饰品，与美术、书画、雕刻等艺术相融通，审美文化的不断融入使得黑陶制品兼具实用性与审美性为一体，真正地成了生活中的艺术品（图

5-2-1）。

图 5-2-1 泥陶制品

泥陶艺术的创作难度远超于其他艺术门类，因为它要经过众多工序，具有太多的不可预见性，所以无论是从造型的考量还是实用性而言，都只有在经过火烧之后才能给判断是否成功，稍有疏忽便有可能造成致命缺陷。由于天然材料和火都很难控制，所以很多陶艺作品都是"偶发艺术"，很多都是无法复制的孤品，因为里面融合了太多难以操控的原因。成型后的黑陶从造型艺术而言，是一种综合性的美术活动，虽然没有彩陶的绚烂夺目，但黑陶以低调的姿态呈现在陶瓷之林中。它包含了功能效用、工艺材料和工艺技术、艺术处理三个基本因素，这三者之间存在着相互依存相互作用的关系，成了统一的有机体。黑陶的功能效用是首要的，这决定着其造型的基本形式；工艺材料和工艺技术是保证陶瓷造型付诸实现的首要物质，也是功能效用和艺术处理的具体体现；黑陶的造型艺术处理决定形式是否美观，也具有一定思想情感的表达能力。

泥陶的造型艺术来源于生活，又高于生活，首先基于日常生活功能的黑陶的造型亦来源于生活，黑陶造型的样式根据人们生活需要和使用要求创造出来，最早来源于模仿大自然，因而大自然是最大的艺术资源宝库，在此基础上加以创造形成具有视觉享受的黑陶造型。随着文化的不断进步和科技的不断发展，黑陶造型又产生了多样化的趋势，呈现出一定的艺术性。

薛家窑黑陶基本具备以上特色，在技术方面也无可厚非。薛家窑烧水泥壶，从拉坯技艺到烧制过程，从壶的外形到内在的质地在全国独一无二。

窑内渗碳的作用机理是：当窑炉温度降到合乎渗碳要求

的温度时，往窑炉内添加足量的柴草、树枝、沥青或煤炭等燃烧物，并用水打湿，使之不充分燃烧，在窑室内形成大量的黑烟。随即封闭窑顶的抽烟孔，并用砖石等物堵住窑口以及其他冒烟通道，将黑烟完全封闭在窑室内。这些烟在缺氧环境下越积越多，随即形成向外释放的足够压力，其中的游离碳细小粒子便循着陶器坯体中的微小孔隙向内层渗透。这些碳粒子渗入坯体后，即附着在坯体内外，使坯体通身呈现黑色。

窑内渗碳工艺之所以能够促使烧成器变黑，主要是利用了烧制过程中坯体孔隙的热胀冷缩以及由此产生的排异和吸附作用。在常温条件下，坯体内含有一定的水分、有机质和气体等。烧成前期，随着温度的升高，坯体开始进入红热状态（从常温至900℃以前），孔隙慢慢变大，其中的水分逐渐蒸发，有机质逐渐分解，气体也会因膨胀而排出。这一阶段坯体孔隙内接近于真空状态，气压很小。而在烧成后期，随着升温的结束，当陶胎的温度逐渐下降到600℃时，这些孔隙开始产生吸附作用，在500℃~400℃的温度范围内对碳粒的吸附作用尤其明显。因为在这一温度下，陶胎可以大量吸附黑烟中的碳颗粒，并通过孔隙向内扩散。当窑炉内的温度降到400℃以下时，陶胎孔隙变小、内压增大，吸附力消失，渗碳的过程也随之结束，已经渗入陶胎的碳粒便沉积在孔隙之内，成为陶胎的一个组成部分，从而使器表乃至胎心都变成黑色。

窑外渗碳工艺这种烧成的优点就在于热装热出，充分利用窑内余热，而窑外熏烧也是必需的，它体现了三大优势：

（1）避免烧红的砂壶挑出窑门因急冷急热而开裂，埋在炭中暗燃起慢凉缓慢降温作用。

（2）窑外的熏烧过程会使碳素渗进胎体内部，特别是底部未上釉的地方渗碳并在器底形成碳化层，充分起到加固防渗和延长使用寿命的作用。

（3）熏制出的砂壶闪着银灰色的金属光泽，起到了装饰的作用。

图 5-2-2 砂壶产品 壶身的鱼纹为汉代纹饰

湖西涯砂壶的熏烧工艺是中国历代艺匠经验的结晶，据专家考古研究得知，中国早在 6500~5235 年前的大溪文化时期就已掌握了窑外熏烧渗碳工艺，商周时期就已有了高温硬陶、原始瓷及土釉的使用，而湖西涯砂壶的土釉出现可在秦汉以前。最令人惊奇的是，湖西涯的砂壶上那两条金石味十足的鱼纹（图 5-2-2），当地的人们也无法确定这两条鱼纹

图 5-2-3 汉砖，薛家窑采集①

出现的时间，仅知在祖祖辈辈使用的砂壶上都有它，它代代传承，祝愿人们吉庆有余。后经考古专家考证，并在考古杂志上刊登：这两条鱼纹竟和当地出土的刻有元嘉元年的汉代画像石《豫让刺韩襄子》车马过桥图桥下的三条鱼纹如出一辙，

图 5-2-4 汉砖，薛家窑采集②

它竟是汉代的纹饰，而这块画像石就保存在当地的苍山文化馆中。从当地出土的汉代高温硬陶、原始瓷及其釉色分析，其原料成分也和现代砂壶一脉相承，由此考古发现得出的结论是：湖西涯的砂壶窑外熏烧工艺作为黑陶的一种，在汉代就已出现，更早可追溯到大汶口、龙山黑陶文化时期。黑陶从窑内渗碳发展到窑外渗碳为烧成增加了产量，节省了燃料，这是历代中国劳动人民智慧的结晶。另外，四川、山西、河北、山东多处也都有这种快速烧成的砂壶，其烧成原理一致，但制陶原料有所区别（图 5-2-3、图 5-2-4）。

这种独特的烧成工艺与日本的乐烧相近。"乐烧是一种非常独特的烧成方式，起源于日本 15 世纪茶道器皿的烧法，20 世纪传入西方，乐烧以其特有的方式和极有表演性的过程以及精妙的表面效果而风靡世界。陶瓷家把上好釉的陶艺作品放入特制的窑中烧制，窑温升到1000℃以上时，釉面开始熔化，随后打开窑门，陶艺家和参与者身穿特制衣帽，用手套式特殊工具把灼热的陶艺作品挑出窑门，放入由易燃材料垫放的金属盖桶中，随即烟雾腾空而起，在窑外熏烧起来，火花四溅，陶艺作品在空气中急剧降温时，同时氧化和还原的气氛，使作品釉面发生窑变，形成不同色彩与肌理效果，这种烧成表演在中国尚属首次。"这是2000年国外乐烧大师在广东佛山南风古灶表演的一次报道。这种烧制过程与湖西涯砂壶烧成如出一辙，而湖西涯的熏烧至少在汉代就已出现，且中国窑外熏烧可上溯到6500前的大溪文化时期，较15世纪的日本早了许多个世纪。因此，这种烧成技艺源于日本或这种烧成表演在中国尚属首次的说法还是欠妥的。

李文杰在《中国古代制陶工艺研究》中对窑外渗碳曾做以下描述："在大溪文化各期的泥质红陶和一部分夹炭红陶当中流行外表红色，内壁黑色或灰色的作风。器型有圈足盘、圈足碗、曲腹杯、簋、曲腹簋、圈足罐和器盖等，其中以圈足盘的数量最多，圈足碗次之。外红内黑的陶器在裴李岗文化、关中及其周围地区的新石器时代早期遗存、仰韶文化和马家浜文化当中也有，笔者从实物上观察到，内表黑色的状况与大溪文化的相似。"[19]

"云南的佤族在烧制陶器刚结束时有一种做法非常有趣：'主人持一木棍，将烧好的陶器一个个从火炭中挑出来，另外一人手持'斯然'褐色胶质趁热涂在陶器的口缘或周身。''斯然'是一种树胶，可作为陶器的渗碳剂，佤族的做法实际上是进行窑外渗碳。有人推测大溪文化的外红内黑陶器也'可能是烧制后趁热在内壁涂抹油脂、树胶'所致。"[20]

19. 李文杰：《中国古代制陶工艺研究》，科学出版社，1996年，第143页。

20. 李文杰：《中国古代制陶工艺研究》，科学出版社，1996年，第144页。

"为了解外红内黑是怎样形成的，笔者将一件小罐坯体焙烧到红热状态（高于500℃），取出后立即将稻壳装入罐内，由于陶罐传热，稻壳被烧焦，同时产生黑烟，结果小罐内壁变成黑色，外表仍呈红色。大溪文化的大多数外红内黑陶器应是这样在窑外单个渗碳而成的。由于器物内往往没有装满渗碳剂，而且上面未加器盖，内壁的上部一般没有渗碳，仍保持红色。红色与黑色两部分之间没有明显的界线。"[21]

"内折沿簋，一些敛口簋和敛口曲腹杯的器身内壁全部呈黑色，口外也呈黑色，应是与器盖扣合渗碳所致。笔者将敛口平底碗和瓶口形钮器盖坯体同时焙烧到800℃，炉温降到600℃时，先将碗取出，立即装入一些稻壳，再将盖取出，迅速扣在碗上。结果两件器物的内表都变成黑色，碗的口部外表也呈黑色。"[22]

"采用上述单个渗碳、扣合渗碳的方法，操作非常简单，效果都很显著。大溪文化的人们以种水稻为生，又常以炭化水稻壳作为陶器的羼和料，熟悉稻壳的性能，很可能利用稻壳作为陶器的渗碳剂。当然，也有可能还利用其他渗碳剂。"[23]

"至于外红内灰的成因有两种：第一是在窑外渗入少量的碳粒。经实验，渗碳时如果陶胎的温度较低，渗入的碳粒也就较少，结果内壁成为灰褐色；第二种是在窑内形成的。笔者将夹砂樽坯体扣在夹炭内卷沿圜底盆坯体底部焙烧到950℃，结果樽内表和盆底部外表由于氧化不充分都成为灰色。第二种不属于渗碳的范畴。"[24]

"大溪文化第二至四期，有些泥质红陶的敛口平底碗和敛口弧壁圈足碗，内壁黑色，外表腹中部以上红色、以下黑色，上下两部分之间没有明显界线，呈渐变现象。"[25]

"为了解上红下黑的成因，笔者将三件坯体同时焙烧到

21. 李文杰：《中国古代制陶工艺研究》，科学出版社，1996年，第144页。

22. 李文杰：《中国古代制陶工艺研究》，科学出版社，1996年，第144页。

23. 李文杰：《中国古代制陶工艺研究》，科学出版社，1996年，第144页。

24. 李文杰：《中国古代制陶工艺研究》，科学出版社，1996年，第144页。

25. 李文杰：《中国古代制陶工艺研究》，科学出版社，1996年，第144页。

800℃，当炉温降到600℃时，按上述次序将器物逐件取出，迅速将稻壳装入敛口平底碗和内折沿圈足碗，三件器物叠在一起。结果下面的敛口平底碗呈现外红内黑；中间的内折沿圈足碗呈现上红下黑，内壁亦黑；上面的敞口平底碗也是上红下黑，由于碗内未装稻壳，内壁保持红色。由此可见一般的上红下黑的陶器是在窑外累叠渗碳而成的。"[26]

"实验表明，进行累叠渗碳时，上下两件器物的腹与口之间应当接合严紧，若有明显缝隙，烟会冒出来，将上面那件器物外表的上部也熏黑。大溪文化的上红下黑陶器，都是用陶轮修整过的，形状规整浑圆，上下两件器物的腹与口之间可以接合严紧，因此外表的黑色部分相当齐整美观，外表的上部未见局部被熏黑的现象。"[27]

"有些豆和圈足较高的碗，不宜采用上述累叠贴本法，可是器身内壁呈黑色，外表也有三条或四条黑道。经实验，将红热的高圈足陶器扣在稻壳上，并且迅速将木片贴在器身外表，结果器身内壁呈黑色，外表也会出现黑道。"[28]

"另外，从实验中还了解到，可以用树皮代替木片进行渗碳，由于树皮较软，可以随着器壁的弧形而弯曲，贴紧器壁，取得良好的渗碳效果。"[29]

"从以上可以看到，在大溪文化中，经过渗碳的陶器有全身皆黑、外红内黑、上红下黑和数条黑道四种具体表现。渗碳的方法有两类：

第一类是窑内渗碳法。这类方法是众所周知的。

第二类是窑外渗碳法。这类方法是新发现的，笔者于1985年首次提出'窑外渗碳'的名称，并且将窑外渗碳与窑内渗碳相并列。一般地说，'陶器的烧制是使陶坯成为具有实用价值的用具的最后工序'，然而窑外渗碳比较特殊，是

26. 李文杰：《中国古代制陶工艺研究》，科学出版社，1996年，第144页。

27. 李文杰：《中国古代制陶工艺研究》，科学出版社，1996年，第144页。

28. 李文杰：《中国古代制陶工艺研究》，科学出版社，1996年，第145页。

29. 李文杰：《中国古代制陶工艺研究》，科学出版社，1996年，第145页。

在陶器烧成之后刚出窑时进行的又一道工序，可见窑外渗碳'与众不同'。正因为这样特殊，过去我们不熟悉这种渗碳法。窑外渗碳法包括单个渗碳、扣合渗碳、累叠渗碳、涂刷渗碳、贴木片渗碳等具体方法。"[30]

"窑外渗碳有三个特点：

一是利用刚出窑的尚处于红热状态的陶器所传出的热量使渗碳剂烧焦（炭化），同时产生黑烟；黑烟反过来渗入陶胚之内，使陶胚的表皮变成黑色。

二是在陶器上往往只有局部呈现为黑色，例如内壁呈黑色、外表的下部呈黑色和数条黑道。当然，采用窑外渗碳法也可以使陶器的全身变成黑色，笔者将侈口曲腹杯和内折沿圈足碗坯体焙烧到红热状态，取出后迅速埋在稻壳中，结果都变成黑陶。可是其黑色不如窑内渗碳的黑陶那样均匀，在大溪文化中大概不采用这种方法生产黑陶。

三是渗碳层很浅，仅仅表皮呈黑色，因为陶器出窑之后，温度迅速下降，所以渗碳的时间甚短。笔者在用红热的陶片进行贴木片（或贴树皮）渗碳实验时观测到渗碳作用的过程只有一两分钟。云南佤族用'斯然'胶进行窑外渗碳时，'动作很快，不然陶器稍冷却胶质就吸收不进去了'。由此可见，窑外渗碳的关键在于动作迅速，趁热进行。"[31]

实验结果表明，陶器渗碳应同时具备两个条件：第一，使陶胎处于接近红热的状态，从而具有吸附碳粒的能力；第二，使渗碳剂产生黑烟，黑烟可以渗入陶胎之内。

"此外，还观察到当炉温在 600~500℃的范围内，即略高于陶器渗碳的实际温度范围，将陶器从炉内取出后迅速进行渗碳，其效果最佳：渗碳剂冒出浓烟却不会起火苗，从而使器表呈现漆黑。其原因在于陶器的一部分热量在空气和渗碳

30. 李文杰：《中国古代制陶工艺研究》，科学出版社，1996年，第145页。

31. 李文杰：《中国古代制陶工艺研究》，科学出版社，1996年，第146页。

剂当中散失，正好下降到适宜渗碳的温度范围之内。"[32]

"窑外渗碳只是变换了环境，其原理与窑内渗碳相同，也是利用孔隙的吸附作用。"[33]

"大溪文化的人们是凭借丰富的经验进行渗碳的，然而他们的做法在客观上符合了陶器渗碳的科学原理，因此在窑内渗碳和窑外渗碳两方面都取得了良好的效果。"[34]

"笔者在模拟实验中体会到，进行窑外渗碳在操作上比窑内渗碳还要麻烦，那么，当时人为什么要这样做呢？外表上红下黑和数条黑道都处于显眼部位，可能具有装饰作用，内壁是隐蔽部位，为什么也要渗碳？其目的何在值得研究。"[35]

"大溪文化外红内黑的陶器绝大多数是圈足器，例如圈足盘、圈足碗、曲腹杯、簋、曲腹簋和圈足罐。其中前五种都是饮食器，后一种可以作为汲水的器具。个别曲腹簋的器身内壁和圈足内壁都呈现黑色，其他器物只有器身内壁呈黑色。可见当时人认为：饮食器的器身内壁和汲水器具的器身内壁需要渗碳，其圈足内壁一般不需要渗碳。云南佤族在陶器上渗碳是为了'使液体不易渗透，同时也使器壁坚固'。在大溪文化中有的泥质红陶圈足盘烧成温度较低，推测约650℃，属于低温陶，质地较软。在低温陶上，渗碳的效果显而易见：器身内壁经过渗碳，保存完好；外表、圈足内外壁和底都未经渗碳，表层全部剥落。二者形成鲜明对照。由此可见渗碳确实可以'使器壁坚固'，其原因在于陶胎的'孔隙中充填着大量碳粒'，提高了器壁的致密度和强度。笔者仿制了两件陶杯，所用的泥料、制法相同，厚度也相近，烧成温度均为800℃，其中一件未经渗碳，为泥质红陶杯盛水后不久，水就从陶胎内细微（肉眼看不见）的孔隙中渗出，外表湿透了；另一件经过渗碳，成为泥质黑陶杯，盛水后始终

32. 李文杰：《中国古代制陶工艺研究》，科学出版社，1996年，第146页。

33. 李文杰：《中国古代制陶工艺研究》，科学出版社，1996年，第147页。

34. 李文杰：《中国古代制陶工艺研究》，科学出版社，1996年，第147页。

35. 李文杰：《中国古代制陶工艺研究》，科学出版社，1996年，第147页。

没有出现渗透现象。实验结果表明，在陶器上渗碳，确实具有'使液体不易渗透'的作用。大溪文化流行的外红内黑陶器既保持外表美观，又坚固耐用，使液体不易渗透，体现了美观与实用的统一，在当时条件下以这样的陶器作为饮食器和汲水器具是比较理想的，这应是在大溪文化的陶器当中长期流行外红内黑的原因。"[36]

上述引用说明了大溪文化制陶工艺的发展，同样薛家窑黑陶制作工艺也在相同技术水平之中发展起来，且不断改进。

36. 李文杰：《中国古代制陶工艺研究》，科学出版社，1996年，第147页。

图 6-1-1 大缸

图 6-1-2 烧水泥壶

第六章

薛家窑的代表产品及价值

第一节 薛家窑的代表产品及特色

薛家窑历代以实用器具为主要产品，其中较有代表性的有大盆、大缸（图 6-1-1）、烧水壶。由于制作过程完全是手拉坯，较大器物难度非常大，大盆直径达到 1200 毫米，大缸直径达到 1100 毫米，高 900 毫米，重约 100 斤。如此大的器物在整个拉坯、晾晒、入窑、烧制、出窑的过程中难度极大，在如此简陋的条件下能够烧制成品，其中凝结了先辈们的勤劳与智慧。

薛家窑泥陶的制作工艺分为取土、制坯、煅烧三大部分。泥陶产品发展到几十个大类、几百个品种。日用品类主要是烧水、做饭、就餐、饮水用具和传统古建青砖、小青瓦等建筑材料，观赏类主要是花瓶、笔筒、挂盘和人物、小动物等。其中最具特色的是烧水泥壶（图 6-1-2），制作工艺堪称一绝，先制壶胆，再制壶体，造型完美。由于独有的土质和独到的技艺，这种泥壶壳薄质细，表面有一层银灰色的光亮，

图 6-2-1 泥陶制品

更加美观。

随着社会不断地进步，人们对泥陶制品也有了更高的要求，为了更好地将薛家窑泥陶融入现在生活，勤劳智慧的薛家窑人在先辈们留下的宝贵的烧制技艺的基础上先后研发了工艺美术陶盆、黑陶工艺品、各类泥陶雕塑等与现代生活相融合的产品，深受广大人民的喜爱，其中出口陶盆更是远销到欧洲和东南亚各国，得到国外客商的一致好评。

第二节 薛家窑泥陶的自身价值

薛家窑泥陶具有实用价值。在相当长的一段历史时期里，人们烧水、做饭、就餐、饮水、收藏都是泥陶制品，可以说以黑陶为主的泥陶制品已占据人们生活用品的一大部分。至今青砖、小青瓦仍然是古建筑修复的主要材料，其所具有的实用价值和历史厚重感给古建筑带来了更多的文化历史感和审美效果。目前在部分农村地区仍旧使用的烧水泥壶集节省、环保为一体，受到广大农村人民的喜爱，且部分黑陶爱好者更收藏起来或作为日常茶饮的器具。

实用价值是泥陶最为首要的价值，因而薛家窑在制作黑陶的过程中注重与日常生活的紧密结合，在不断发展的社会中紧跟时代脚步，生产能满足该地域人民基本生活需求的工艺产品。

薛家窑泥陶具有艺术价值。一把泥在师傅手中，瞬间即成形状各异的泥陶制品（图 6-2-1），该项工艺不仅仅包含了一定的技术成分，更加融入了制陶师傅的审美，它可随着制陶师傅的创造性体验来达到各种适用的形状（图6-2-2、图6-2-3）。薛家窑泥陶产品在广交会上展出，并且漂洋过海登上了大雅之堂，受到更多国外友人的喜爱。烧水泥壶造型近乎完美，不仅便于烧水使用，同时具有艺术观赏性。

薛家窑泥陶所具有的艺术价值不仅存在于造型上的观赏性，同时融汇在制作的整个过程中，一件艺术作品的完成包含了更多的艺术创造和审美想象，因而在整个制作过程中薛家窑泥陶不亚于任何一种艺术形式的创作（图6-2-4），相对于平面艺术，泥陶制作更不可控，造型艺术所具有的特点无一不包含在泥陶的艺术创作中，因而薛家窑泥陶的艺术价值并非三言两语就能概之。

图6-2-2 泥陶工艺品

图6-2-3 泥陶工艺品

图6-2-4 艺术性加工

薛家窑泥陶具有科学价值。泥陶的制作源于先民们对于生活的实践，因而在实践过程中不断验证科学的合理性。薛家窑泥陶制作技艺中取土的湿度、拉坯轮的转速、拉坯的手劲、装窑的叠落、烧窑的温度、出窑的时间都有一定的科学依据，为此方面考究提供了宝贵的资料。烧水泥壶制作具有力学的研究，造型则是对热量转换的探讨，除此之外还有环保科学的融入、热学的利用、美学的体现等，此类泥陶的制作体现了当地人民的生活智慧之高，黑陶技艺从生活的学问上升到科学的学问。

制陶从原料到最后的成型都离不开科学的指导，科学性是贯穿整个黑陶制作过程的基本法则。

薛家窑泥陶具有环保价值。陶土制品无任何化学成分，无污染，具有极高的环保价值。泥陶制品中含有活性炭，对水有除碱滤清作用，有利于人体的健康。泥陶餐具有吸收异味的功能，可帮助减少大气环境对人体的伤害。泥陶花盆有很强的吸水性、透碱性和透气性，适宜花草生长，既实惠又美观。

对于环保价值的要求是一切日用品最应考虑到的基本因素，薛家窑泥陶在材料的源头就经过了安全验证，完全取材于自然，又经由过滤使用，最后经过高温烧制，极大地降低了对人体的伤害。同时在烧制过程中运用独特的烧制方法，也减少了对自然环境的破坏，因而取材于自然，最后回馈与自然的环保理念贯穿于薛家窑泥陶的整个制作过程中。

薛家窑泥陶具有文化价值。在中国传统文化中，"礼"寄予器中，但"礼"重于器。器作为一种现象，蕴含着"礼"的本质，因而在制作器物的过程中是"礼"之融入与实践的过程，也是社会文化的本质所在。"器"与"道"的关系也极为密切，在"成器"之际，要以"雕琢"为重，因而传统技艺方式制成的"器"具有独特的地域文化特征和传统的中国文化特征。从历史的角度而言，都合乎自然之道和人为之道，在生存与生活的过程中，都通过"道"的规范而提升文化生活，因而薛家窑泥陶所蕴含的是独特的"莒文化"之"道"。

薛家窑泥陶具有历史价值。薛家窑是鲁东南地区较有代表性的民窑，具有浓厚的地方民俗特色，受莒文化影响深厚，依附薛家窑文化遗址，具有浓厚的历史气息，对于考察泥陶的发展演变具有一定的参考意义，为推动中国黑陶的发展、制作技艺的创新做出了巨大贡献。

薛家窑文化在历史发展过程中扮演着重要的角色，在依附于莒文化的同时又具有独特的地域文化特色和历史价值，同样，薛家窑泥陶也极具历史价值，对于考究传统制陶技艺和陶瓷的发展具有极大的作用。

薛家窑泥陶具有哲学价值。薛家窑黑陶以其独特的艺术魅力在中国制陶史上占据着重要的地位，其生产主体来自民间，生产目的、用途也都为平民百姓所考虑，使用者更都为布衣，所以它们在艺术风格、表现手法上都体现了只有民间艺术才有的淳朴、率真、热烈的作品风格。同时，在生活基础上凝结出思考世界最为独特又适用的方式，薛家窑的陶工们探索中国传统的哲学，追求"天人合一"的哲学思想，对中国陶瓷文化的发展做出了巨大的贡献。

图 7-1-1 地理环境

第七章

薛家窑的当代价值

第一节 薛家窑的当代发展现状及价值

近几年湖西涯的陶器制作，因广大农村的用量减少，其产量已大不如前，从业人员大量减少并改行。2005 年秋，政府出台治理环境污染的相关政策，因而所有陶窑在 2 个月内全部夷为平地。直至 2006 年底在笔者的考察过程中，湖西涯周边砂壶的烧制，只有谢景岭和鲍现军两家还在坚守着，但这曾经辉煌千年的窑火能维持多久，谁也说不清。薛家窑位于偏远的农村（图 7-1-1），现在条件较好一些，但泥陶制作工艺复杂，特别是拉坯技术全凭手感制作，天资聪慧的年轻人需 5 至 8 年才能学成出徒。青年人不愿学，加上泥陶制品利润薄，从事泥陶制作的业主越来越少，现在只剩 20 多家，100 余人，而且还有减少的趋势。能够熟练掌握坯坯技术的，特别是拉制快烧水壶坯的，全村只剩四五个人，而且都是 60 岁以上的人。他们大都没有受过教育，对于制陶技术的传播，除了示范以外，只能采取口头传授，很少有文字方面的记录和教材，更没有专业的教学机构。因此，这种技术传播在处于和现代社会供求关系不相适应的今天，已有后继无人的担忧。况且这种技术缺少可供参考的文献，而它的价值又不容忽视，迫切需要我们去保护整理及发扬。

这种传承千年的窑火逐渐衰败，是中国近几十年的普遍现象，在当今追求小康生活，寻求现代化的生活方式的同时，许多优秀的传统文化和艺术形态，被当作落后的和过时的东西而慢慢地放弃和消失。开放的经济思想和市场竞争，机械化生产的巨大效益，都在让广大群众放弃传统去接受现代高科技，去享用自己认为先进的东西。因此民间艺术的原生土壤被破坏，失去了原有的市场，已是无力回天。但是对于这种优秀传统文化，人类总有一天会重新做出评价，而等到那一天再去关注并恢复这些优秀文化恐怕为时已晚。鲁东南的制陶工艺是服务于大众的优秀民间艺术，它积淀着历代劳动人民的情感，是民族文化的一部分，我们不能等到它完全消失了才认识到它的价值，如何保护和发展这些正在逐渐消失且有着深厚的文化积淀的民间制陶业，是迫在眉睫之事。

薛家窑的泥陶产品曾在广交会展出，出口东南亚七八个国家和地区。1984 年，山东电视台国际部于拓拍摄的《美在民间》13 集，专题报道薛家窑黑陶。1986 年著名物理学家丁肇中慕名来莒南，特意收藏薛家窑的泥陶制品。1996 年 8 月20 日，中国工艺美术学会民间美术专业委员会第十三届年会在莒南召开，会上展出了部分制品，引起了许多专家对薛家窑泥陶进行研讨。同年 10 月，薛家窑泥陶在文化部举办的"中国民间艺术一绝"大展中展出，并获得证书。2004 年，临沂电视台到薛家窑录制泥陶制作工艺，后来又在中央电视台播放，对其大幅度的宣传和传播有利于薛家窑黑陶的保护与传承。薛家窑泥陶烧制技艺已于 2016 年 6 月 22 日被山东省人民政府列入第四批省级非物质文化遗产代表性项目名录扩展项目名录。

图 7-1-2 黑陶蛋壳杯

薛家窑的制陶文化在一定程度上代表着齐鲁文化，同样也是东方海洋文明的表征。薛家窑的整体文化风格敦厚，饱满又充盈，细腻又不乏趣味，宁静而意蕴深长。薛家窑所代表的地域风格以深沉为主，又不乏海洋文明中的灵动，以黑色为主调，弥漫着神秘而隽永的无尽诱惑与痴迷（图 7-1-2）。它带给我们的不仅仅是视觉上的冲击，更重要的是，相对于那老迈古旧、封建腐朽、故步自封的旧传统而言，它带来的是一种豪放洒脱、奔放热烈、自由清新的海洋空气，是一种全新的东方文明。

第二节 传统手工艺中的文化建构

从文化史的角度而言，任何地区任何形式的文化的发展都不可能是封闭式的发展，在人类历史的发展过程中只有相互交流与互动才能形成如今多元文化的综合体。薛家窑文化亦是如此。在源远流长的莒文化中，薛家窑并非独立发展，而是深受莒文化的渲染及熏陶，形成如今丰富圆润的薛家窑文化。在陶器的生产上，先民们积累了异常丰富的生产经验，在地理环境要素的基础上探索出生产制作工艺，因而生发其他社会性的人文要素，在不断发展与前进的过程中，建构了属于薛家窑独特的文化模式。

陶瓷文化是人文环境文化的重要组成部分，既具有物质

图 7-2-1 黑陶茶壶茶杯

文化要素，又有非物质文化要素，非物质文化要素通过物质文化要素的载体得以呈现，因而薛家窑独特的文化通过薛家窑所生产的黑陶而充分体现，并与自然环境和人文环境融为一体。黑陶为薛家窑人们生存和生活不可替代的物质基础，在人们自然生活的过程中更满足了非物质文化生活的需要。在长期的历史发展过程中，当地手工艺者意识到自然的发展和人类的发展要有机地结合在一起，形成完美统一，这样在人文环境不断丰富的基础上更加为传统手工艺营造了适合生存的大环境，薛家窑的文化也通过传统手工艺得以建构，形成勤劳质朴、不断进步的文化环境。

从历史文化发展及其结果上看，薛家窑文化中的黑陶文化就是"天人合一"精神的体现。制陶先民在古老的社会环境中创造了"天人合一"的陶瓷文化的人文环境，利用当地可利用的自然资源，如黄胶泥、水利资源等，又及时地回归自然而适当给予自然资源以补充和恢复，他们为了建立优美舒适的人文环境而做出巨大的努力。薛家窑人民不断坚持黑陶的生产，并与多种工艺相结合，极大地丰富和创造了黑陶的生产工艺和造型（图 7-2-1）。在遵守材料的自然属性的同时，力求达到制作上的精雕细琢，不断积累生产经验和技术，尤其在文化表达方面不断根据时代需要的形式和主题内容及思想内涵进行充分展示，积极地与现实生活生产相联系，在继承的基础上不断创新，使产品才有了市场和生命力。

从传统上讲，黑陶艺术是实用功能下的精神享受，它其中所蕴含的文化价值意义是实用价值和审美价值并存的双向意义，在此基础上也不能忽略工艺本身所具有的文化内涵。工艺是带有专门性和专业性的技术或手艺，在最初始的手工艺人那里，是一种谋生的手段，如今社会步入现代化，手工艺人也不仅仅停留在谋生的层面上，而是为了进一步完善和传承黑陶制作工艺，造福于子孙后代。

在人类的造物史上，制作陶器是造物技术上的一大突破，陶器也是中国古老文明的象征，艺术的凝结。它从作为日常用品开始，逐渐成为国民经济领域中的重要角色，如今的陶瓷已从古老的艺术宫殿中走出来，无论是官窑还是民窑，所生产的陶瓷都开始融入人们的生活当中，成为观赏性和实用性相结合的艺术品。薛家窑作为莒文化的独特代表，融合了莒文化的众多元素。

第八章

薛家窑的传承保护与创新发展

第一节 薛家窑的传承与保护

在中华文化的长河中，优胜劣汰也并非偶然，众多窑口经过兴盛后又在时代的变革中衰亡，但总有一些窑口经历过世间的跌宕起伏仍有余力而后生，在传承的道路上继续前行。薛家窑作为民间窑口，能在世事的变化中保存下来实属不易，它的生存有着自己独特的经验，能在浴火中重生后有着独到的特质（图8-1-1）。

图 8-1-1 老艺人

　　齐鲁文化深厚久远，肥沃的土地上孕育出新生的希望，薛家窑作为鲁东南极具代表性的制陶业之一，具有较高的研究价值和实用价值。鲁东南制陶史系统而完整地保存了从史前制陶之初到今天各种制陶的工艺和风格，几千年的积淀和发展使其成为优秀的传统艺术，这是前人留给我们丰富的物质财富和文化遗产。随着社会的不断发展，新生科技喷涌而出，传统手工业面临巨大威胁，这些值得我们珍视的古老手工艺正处在一个生存与消亡的十字路口。随着人们生活方式的改变，鲁东南的制陶手工艺如何顺势转型、创造出全新的陶瓷制品来适应人们日益变化的生活及审美需要成为亟待解决的问题，同时这也是我们在实地考察和如实记录之后需要进一步深入做的工作。

　　根据实地考察及分析，自以为具体应有以下几个方面：

一、将技艺与文化内涵紧密相连，以传统手工技艺为依托，挖掘深层文化内涵，保有文化基因对薛家窑的内在支撑

　　尽管部分传统技艺随着社会的进步将被淘汰，但是它的文化基因和内涵却并应随之而消失，恰恰需要我们的继承和保护，这是文化的脉络和文明的根源，并且需要我们在保护的基础上不断地创新，只有不断地创新才能适应现代人生活的需要，才能促进艺术的进步，以此推动文明的前进。我们切实需要通过各种渠道的宣传来达到社会的响应，借助媒体的力量及文化部门单位的推动增加广大人民对此的认识及认可度，使得对薛家窑的保护深入到生活当中去。

二、广泛采用国外保护民间艺术的成功启示，根据地方特色制定切实可行的保护及发展措施

　　例如，建议地方政府颁布保护条例、制定奖励办法并加

大对外宣传等。在中国其他民间艺术形式中已不乏成功的范例：潍坊风筝以及杨家埠木版年画等就表现出了在新的形势下强劲的文化传承及经济发展并存的势头。每年一届的国际风筝节吸引了世界各国的目光，杨家埠的年画也闻名于世，遍销世界各地，并以此为龙头拉动周边经济，成为国际知名的民间艺术活动。它们原本就被人们喜闻乐见，有很强的装饰性和娱乐性，在政府的支持和宣传下它们更成为别具特色的艺术商品。

三、 政府加大保护措施，提高保护力度

政府需加大对于非物质文化遗产的保护力度，出台更为详尽有效的政策为传统技艺提供优良的生长环境，同时要将传统手工艺与现代企业相结合，将非物质文化遗产与文化产业进行有效的融合，保护非物质文化遗产的同时扶持文化产业的发展，充分挖掘薛家窑历史文化遗产的独特价值。进一步发掘历史文化遗迹，完善薛家窑地区现有文物古迹、考古场所和其他各类博物馆的保护和服务设施，将遗址保护与可持续发展有机结合，推动薛家窑地区文化交流和生态旅游。

除上述所述，黑陶制作艺术的传承方式可以多种多样，既可以以家庭为单位进行教育和传承，也可以以现代学校教育为模式进行专业学习。传统的师傅带徒弟的学艺方式是通过言传身教、亲身体会的方式进行，这样可以更加直观系统地了解制陶工艺。但其弊端也在于只有反复练习才能学会一个技术环节，然后再轮到下一个技术环节，在周而复始的制陶过程中耗时数年，因而效率较低。这种旧式的教育思想和模式引发了我们对于现代艺术教育思想和模式的思考，现代教育模式从理论入手，在获得理论基础知识的基础上才能从陶瓷材料工艺、制作工艺等实践中得以强化，这与传统的教

文化的教育展开要因时因地因人而异，在教育对象上要培养地区性陶瓷文化人才，在地区上要考虑薛家窑的生产条件和水平，在文化传承方面要具有社会意义，在教育运行中要灵活机动，趋向全面性和高层次化。

在现代陶艺文化中，要着重加强审美教育，将陶艺文化带入课堂，提升到高等教育的层面，设置专业教师。从艺术的本质内涵上讲，艺术是审美文化功能的体现，是具有创造性与情感性的对现实社会的认识、体悟与表达，因而在现代社会的大背景下增加审美教育尤为重要。

3. 以价值观为导向引领非物质文化遗产事业

加强对非物质文化遗产品牌的弘扬和挖掘，但要时刻注意价值观的引导，不能以挖掘商机为重点忽略文化价值的建立。以品牌为载体，通过风俗习惯、文学艺术、情感归属等多个方面丰富和深化品牌内涵，引领消费潮流的同时感染更多人的内心世界，改变人们生活理念的同时打造独特的文化符号，在保护非物质文化遗产的事业中，理性地阐释手工艺的价值。弘扬传统手工艺的非物质文化价值，重点阐释具有中国特色的手工艺的独特价值追求。传统手工艺传承的目的是文化保护，同时它亦有为当代生活服务的要求，要有限度地进行创新——在传承与保持基础上的创新。以价值观为引导创建具有中国本土特色的品牌文化，注重多元文化与本土文化的融合，挖掘民族文化和传统中最具科学性、人文性和创造性的因素，使非物质文化遗产保护具有深厚的传统文化的积淀。在某种程度上说，非物质文化遗产改革的过程同时也应该是民族文化精华复兴和弘扬的过程，因而创建文化的灵魂、产业的根基变得尤为重要。

4. 将传统非遗技艺与现代文化创意理念相结合

薛家窑作为较为传统的民窑，传统手工技艺具有区域特点，但若只保持自身技艺很难在时代发展的洪流中屹立，因而需要与时代理念相融合，打造属于自身的独特的发展模式。将传统优秀的非遗技艺与现代文化创意设计理念结合，在传统中求发展，在现代文化中求创新，面向文化礼品市场、创意文化等开发应用项目，既达到了传承与发扬非遗技艺的目的，又具有现代文化创意产品设计的特色。跳出以往只注重传统技艺的传承或只重视传统产品生产惯性的误区，紧紧结合现代时尚品质生活需求、文化创意理念，尤其是主题性、系列性的文化创意理念开发应用，力求将制作工艺、市场推广与品牌塑造相融合，全面整合产品资源、文化创意资源和市场资源，为薛家窑的传承与开发成功奠定良好的基础。

附　图
大汶口陶罐

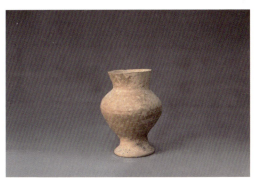

大汶口陶盉

大汶口陶拍、袋状足内模

大汶口文化背水壶

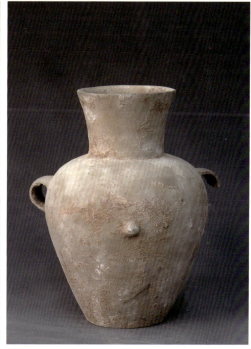

大汶口文化单耳杯

大汶口文化分体豆

大汶口文化觚型器

大汶口文化高柄杯

大汶口文化滤酒器

大汶口文化陶鼎

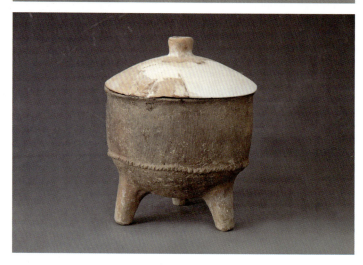

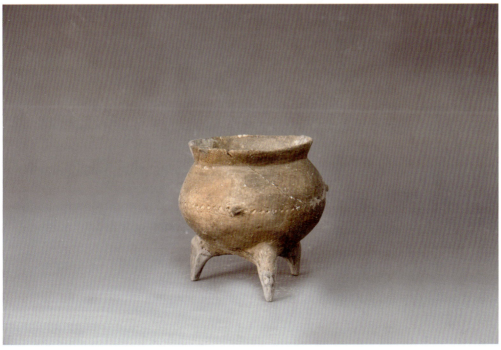

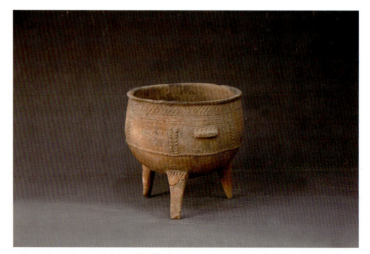

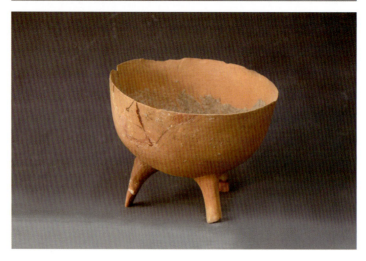

汉代灰陶罐

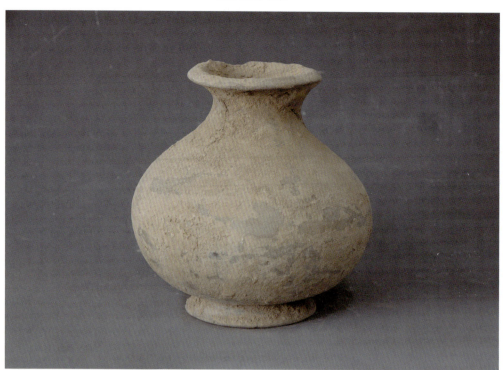

汉代灰陶杯

汉代绿釉博山炉

汉代陶仓

汉代陶壶

汉代灰陶盒

汉绿釉水井

龙山文化单耳杯

龙山文化蛋壳陶杯

龙山文化黑陶杯

龙山文化黑陶罐

龙山文化黑陶罐

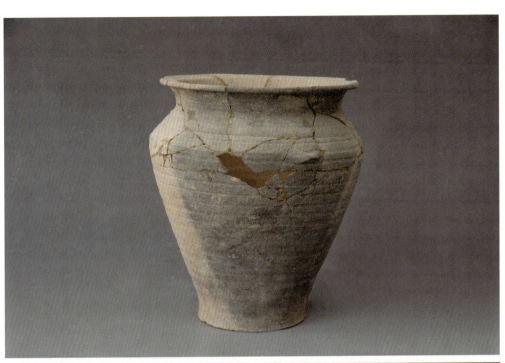

龙山文化黑陶罍

龙山文化黑陶盆

龙山文化黑陶樽

龙山文化黑陶甗

龙山文化陶鼎

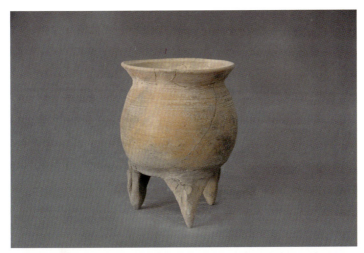

龙山文化陶鬶

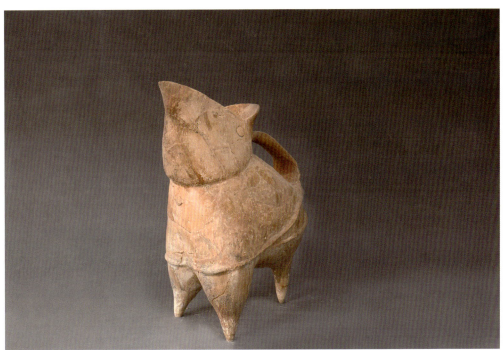

商代灰陶鬲

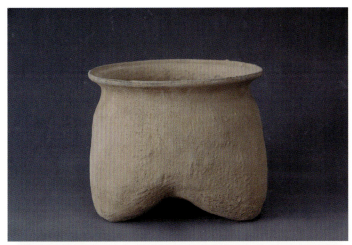

薛家窑黑陶及白陶现代产品

战国陶豆

薛家窑现代仿品

战国彩陶壶

战国蒜头壶

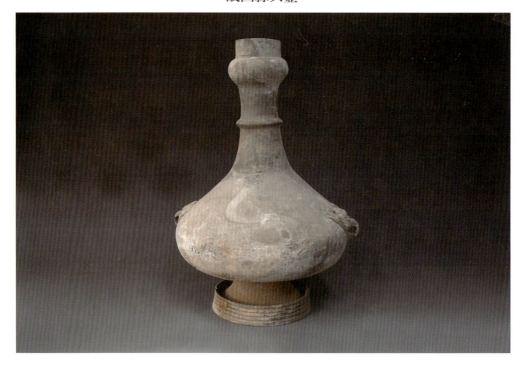

战国彩陶豆

作者简介

冯忠民个人简历

　　1991 年毕业于山东师范大学美术系，同年任教临沂师范学院美术系，1992 年西南师范大学油画助教班进修，1995 年中央工艺美术学院装饰雕塑专业进修，2007 年研究生毕业于山东艺术学院陶艺与公共艺术研究方向，获硕士学位，并同年留校任教。2015 年山东艺术学院设计学院古陶瓷修复工坊负责人。

主要论文与著作

2007 年至今在各艺术类专业期刊发表《龙山黑陶初探》《莒南薛家窑》《罗庄湖西涯》《山东东平湖出土瓷片简析——从宋代捶丸看绞胎工艺》《平行与交融——中国陶瓷琉璃的发展轨迹》《浅析中国陶瓷发展史中窑炉改造的作用》《鲁东南史前陶器烧造综述》《薛家窑的文脉——莒文化与齐鲁文明》《陶瓷釉料的本质——古今用釉初探》《运河拾遗——浅论运河瓷》等 10 篇论文，出版《温故而知新——冯忠民陶瓷艺术作品集》并在各类刊物发表作品 20 余次。

主要获奖与参展

2008 年 成立个人陶艺工作室。

2009 年 "十一五" 国家一般项目《山东淄博民窑艺术研究》课题组第二成员。

2010 年 参加中国青年陶艺双年展。

2010 年 11 月参加中国陶瓷工业学会陶瓷创新评比展。

2011 年 9 月参加中国美术家协会陶艺委员会 "界尚" 陶艺实验邀请展。

2011 年 9 月参加山东省文联举办的 "山东首届陶艺展" 并获金奖。

2012 年 参加由中国陶瓷工业协会和中国日用琉璃协会主办的 "博山杯" 中国陶瓷琉璃艺术大奖赛，获金奖。

2013 年 10 月参加第二届中国美术家协会陶艺委员会 "界尚" 陶艺实验邀请展。

2013 年 中国第十届艺术节作品《中国画意系列之幽谷》山东选区铜奖。

2014 年 第十二届全国美术作品展入选作品《观沧海》。

2014 年 山东省艺术科学重点科研课题《山东史前白陶制作及烧成工艺研究》项目负责人。

2014 年 教育部人文社科研究项目省级科研项目《济南市长清区木鱼石类土质制陶研究》山东省科技发展计划项目负责人。

2015 年 "十一五" 国家一般项目《山东淄博民窑艺术研究》已结项。

2015 年 10 月参加第三届中国美术家协会 "界尚" 陶艺实验邀请展。

2017 年 10 月参加第四届中国美术家协会 "界尚" 陶艺实验邀请展。

于鞍宁个人简历

　　于鞍宁，2006 年就读于山东艺术学院陶艺与公共艺术研究专业，硕士研究生，师从远宏教授。现为山东省美术家协会会员，山东省美术家协会陶瓷艺术委员会委员。2009 年任教于山东艺术学院设计学院，从事陶瓷设计教学。

作者简介

主要获奖与参展

2006 年赴韩国参加中日韩现代陶艺交流展。

2009 年作品祥云系列茶具获首届恒福杯设计大赛优秀奖。

2012 年参加首届龙山黑陶设计大赛。

2013 年作品《水云间》入选生活之美——第七届中国现代手工艺学院展。

2013 年作品《印迹系列作品之一》入选第十届中国艺术节陶瓷艺术大展。

2014 年作品《虎虎吉祥》参加第八届全国视觉传达设计教育论坛展览。

2015 年作品《印迹系列作品之二》入选由中国美术家协会举办的"界尚"第三届中国当代陶艺实验作品邀请展。

2016 年作品《虎虎吉祥》在第八届中国（山东）工艺美术博览会获金奖。

2016 年作品《印迹系列作品之三》入选第二届中国当代陶瓷艺术大展。

2016 年作品《川》入选山东省首届当代艺术邀请展。

2016 年工艺美术创作《城市》为国家艺术基金 2016 年度青年艺术创作人才资助项目。

2016 年作品《禅趣茶器》在第三届中国当代陶瓷设计大赛中荣入围奖。

2016 年作品《禅趣茶器》入选"茶镜——第四届国际茶文化交流展"。

2017 年作品《水云行》被河南博物院收藏。

2017 年作品《融》在第九届中国（山东）工艺美术博览会上荣获金奖。

图书在版编目（CIP）数据

薛家窑 / 远宏，邹晓松主编；于鞍宁，冯忠民编著
. —— 哈尔滨：黑龙江美术出版社，2019.1
（中华文脉．中国窑口系列丛书）
ISBN 978-7-5593-4088-7

Ⅰ．①薛… Ⅱ．①远… ②邹… ③于… ④冯… Ⅲ.
①民窑－瓷窑遗址－介绍－莒南县 Ⅳ．①K878.5

中国版本图书馆CIP数据核字(2018)第193213号

出　版　人：丁一平　　金海滨
出 版 策 划：金海滨　　原守俭
责 任 编 辑：咸泽寿　　于　澜
编 辑 委 员 会：林洪海　　李　旭　　滕文静
　　　　　　　　彭宝中　　李　瞳　　于　澜
审　　　读：曲　莹
责 任 校 对：衣国强　　李凤梅　　李金慧
装 帧 设 计：滕文静　　杨　鑫

中华文脉　中国窑口系列丛书——薛家窑

出　　　版：黑龙江美术出版社
经　　　销：全国新华书店
印　　　刷：辽宁新华印务有限公司
版　　　次：2019年1月第1版
印　　　次：2019年1月第1次印刷
开　　　本：787毫米×1092毫米　　1/16
印　　　张：11
印　　　数：1-1200册
书　　　号：ISBN 978-7-5593-4088-7

定　　　价：300.00元

由黑龙江省精品图书出版工程
专项资金资助出版

中华文脉│中国窑口系列丛书
History Chinese Culture
the Chinese Kilneye Series

编委会 **Editorial Board**

顾　问：张守智

何　洁

主　编：远　宏
副主编：邹晓松

编　委：陈文增　陈建明　曹春生

薛小军　段玉杰　冯忠民

刘晓玉　李岱玫　卢　魏

陆　斌　徐　英　郝建英

苏西亚　孙　斌　吴　鸣

吴白雨　肖　飞　徐建明

于鞍宁　刘　谦　远　宏

邹晓松　邹晓雯　张　尧

张小兰　钟汝荣　戴雨享

编　务：于鞍宁